불안한 사람도 마음이 편안해지는 작은 습관

불안 전문 카운슬러가 8천 명을 상담하며 가장 효과 본 방법들 62

불안한 사람도 마음이 편안해지는 작은 습관

야나가와 유미코 지음
이지현 옮김

저자의 카운슬링을
받은 분들의 후기

선생님과 진즉에 만났더라면 (30대 여성)

처음 저에게 나타난 증상은 과민성 대장증후군처럼 지하철을 타면 배가 아프거나 식은땀이 줄줄 흐르는 것이었습니다. 불안해서 지하철을 타기가 두려웠죠. 이런 증상이 있는 가운데 잠시 해외여행을 떠나게 되었는데 여행지에서 공황 증상이 나타나고 말았습니다. 구토, 설사, 마비, 심장이 쿵쾅쿵쾅 뛰는 등…. 귀국 후에 곧바로 병원을 찾았고 그때부터 약을 복용하기 시작했습니다.

마치 '내가 내가 아닌 것' 같은 기분이 들었고 항상 불안에 떨며 지냈어요. '이런 불안 증상을 평생 짊어지고 살아야 하는 걸까?' '약을 먹어도 낫지 않으면?' 하며 매일 같이 걱정했습니다. 그때 우연히 이곳의 카운슬링이 소개된 글을 발견했어요. 평소에도 늘 불안 증세를 고치고 싶다고 생각했기에 지푸라기라도 잡고 싶은 심정으로 카운슬링을 예약했습니다.

처음에는 반신반의했는데 정말 믿기지 않을 정도로 상태가 차츰 호전되었고 지금은 이전에 느꼈던 불안한 감정은 사라졌습니다. 이제는 약도 복용하지 않습니다. 그토록 오랫동안 힘든 시간을 보냈는데 '진즉에 카운슬링을 받았더라면' 하는 생각이 듭니다. 야나가와 유미코 선생님께 진심으로 감사드립니다.

횟수를 거듭할 때마다 제가 달라졌습니다 (20대 여성)

7년 정도 앓았던 우울 증세가 이혼을 계기로 더욱 악화되어서 카운슬링을 받게 되었습니다. 처음에 상담소를 찾았을 때는 그야말로 만신창이였는데 6개월 만에 깜짝 놀랄 만큼 건강해졌습니다. 덕분에 우울 증세도 좋아졌습니다. 횟수를 거듭할 때마다 저 자신이 내면부터 달라지는 것을 느낄 수 있어서 무척 기뻤습니다. 선생님, 지금까지 감사했습니다. 무슨 일이 생기면 또 찾아가겠습니다!(물론 아무 일도 안 생기는 것이 좋지만요!)

삶의 용기와 기회들이 생겨 깜짝 놀랐습니다 (50대 여성)

저는 늘 불안한 상태였기에 자율신경이 망가져서 편하
게 쉴 수 없었습니다.

선생님은 우선 '자신과 언제나 대화를 나눌 수 있는 것
은 자기 자신'이라는 점을 가르쳐주셨고, 과거에 있었
던 바꿀 수 없는 일의 '올가미'에서 빠져나올 수 있도록
도와주셨습니다. 그리고 저의 고민에 초점을 맞추고,
모두 끄집어내어, 스스로 해결 방법을 찾을 수 있도록
이끌어주셨어요.

제 안에 이미 답이 있다는 것을 알면서도 그것에 가까이
다가가는 방법을 몰랐습니다. 알려주신 습관들을 실천
했더니 마음속에 답이 하나씩 하나씩 쌓이면서 생각이
서서히 바뀌는 것을 체험할 수 있었습니다.

긴장을 풀고 편하게 있으면 용기도 생기고 기회도 생기
는 등 선생님이 이끌어주신 대로 일이 풀려서 깜짝 놀랐
습니다. 정말로 신기했습니다. 상담 과정 전부에 '삶을
살아가는 요령'이 집약되어 있었다고 생각합니다.

저에게는 선생님의 존재 자체가 그저 감사할 따름입니

다. 어떻게 살아가야 할지 막막해지면 다시 찾아오겠습니다.

사람은 자신의 생각 속에 삽니다. '생각을 바꾸면 좀 더 나은 세상, 전혀 다른 세상을 살 수 있다'고 느꼈습니다. 늘 선생님과 같은 분을 만나고 싶었습니다. 진심으로 감사드립니다.

예상보다 훨씬 빨리 마지막 카운슬링을 받게 되었어요 (30대 여성)

카운슬링 한 번, 한 번에 그만큼 큰 의미가 있었다고 생각합니다. 저 자신을 인정하지 못하고 받아들이지 못하는 괴로움에서 드디어 해방되었습니다. 앞으로는 어떤 문제에 부딪혀도 저 스스로 혹은 주변 사람의 힘을 빌려서 해결할 수 있을 것 같습니다. 정말 감사했습니다.

제 자신에 대한 믿음을 되찾았습니다 (50대 여성)

50대가 되어서 친구와 '앞으로는 만족할 줄 알고 살아야 해'라는 이야기를 나눴지만 일상에서 이를 실천하는 것은 저에게 참 어려운 일이었습니다. 장기화되는 불경기 속에서 불안정한 직장, 바쁜 일상, 남편의 해고…. 행복을 느낄 수 있는 힘, 즉 행복감을 찾아낼 기력을 잃어버리고 말았죠.

카운슬링을 받으며 선생님의 힘을 빌려서 다시 한 번 저 자신을 믿는 힘을 되찾을 수 있었습니다. 앞으로는 조금씩 의식적으로 저만의 '행복의 꽃'을 찾아서 소중히 키워나가고자 합니다. 물론 모진 비바람과 역경이 닥쳐오면 다시 선생님을 찾아오겠습니다. 항상 그 자리에 계신다고 생각하면 든든합니다. 감사합니다.

힘들고 괴로운 심정을 술술 말할 수 있어서 깜짝 놀랐습니다 (40대 여성)

처음 카운슬링을 받으러 왔을 때 솔직히 저는 제 마음속의 이야기를 다 꺼내어 이야기할 수 있을지 불안했습니다. 그런데 저 스스로도 놀랍고 신기할 정도로 힘들고 괴로웠던 일들을 술술 이야기하고 있더군요. 카운슬링을 받으면서 저는 자신을 다시 바라봤고 선생님의 여러 조언과 습관 실천을 통해서 지금까지 미처 알지 못했던 것을 깨달았습니다. 이곳의 문을 처음 두드렸을 때

와는 전혀 다른 '저'라서 너무 기쁩니다.

'내가 뭐라고…' '내가 너무 싫다'고 말했던 제가 이제는 '나답게…' '자유롭게…'라고 말할 수 있게 되어 얼마나 행복한지 모릅니다. 선생님께 정말 감사드립니다.

이제 혼자 힘으로 서보려고 합니다 (40대 여성)

스스로 마음을 바로잡지 못하고 어찌할 바를 모를 때 야나가와 유미코 선생님의 상담소를 찾아갔습니다. 사쿠라기쵸와 니시가마쿠라, 두 지점에 모두 찾아갔죠. 사쿠라기쵸는 심플한 화이트 톤에 초록색 카펫이 인상적이었고, 니시가마쿠라는 마치 친구 집에 놀러 온 듯 아늑한 분위기로 목제 테이블을 앞에 둔 폭신한 소파에 앉아서 카운슬링을 받았습니다.

처음에는 고민거리를 이야기했고 그 이후부터는 그때그때 생기는 걱정거리를 털어놓았습니다. 그리고 그에 대한 대처법, 자신을 긍정적으로 생각하는 트레이닝 등을 받았습니다. 시간이 걸리더라도 사고방식은 바꿀 수 있는 거구나 하고 깨달았습니다.

앞으로는 제힘으로 혼자 서보려고 합니다. 물론 잘할 수 있을지 불안하지만 지금까지 선생님께 배운 대처법과 트레이닝을 계속하면서 매일 열심히 전진하고자 합니다.

사소한 이야기부터 심각한 이야기, 두서없는 이야기 등 야나가와 유미코 선생님은 언제나 차분하고 온화한 모습으로 다 들어주셨습니다. 그래서 뭐든지 말할 수 있었고 치유와 위로를 받을 수 있었습니다. 감사드립니다. 진심을 담아서.

'고친다'라기 보다 '익힌다'라는 감각! (40대 여성)

스스로도 '헉!' 할 정도로 긴장을 잘하는 편입니다.

어떻게 좀 고쳤으면 좋겠다는 생각은 했지만 '치료'라고 하면 너무 유난을 떠는 것 같고 오히려 스트레스가 될 것 같아서 방치했습니다. 그러다가 몇 개월 전에 광고를 보고 카운슬링을 받게 되었고 자율 훈련법을 배웠습니다.

'고친다'기보다 '익힌다'는 느낌입니다. 영어 회화를 연습하거나 피트니스 센터에서 운동을 배우는 것과 다르지 않다고 생각합니다. 이 습관들을 취미 중 하나라고 여기고 앞으로도 계속 이어나가려고 합니다. 야나가와 유미코 선생님, 감사합니다!

8개월 만에 '이제 괜찮다'고 느끼게 되었습니다 (40대 남성)

인기 드라마의 영향으로 '자기긍정감'이라는 단어가 유행을 타면서 지금은 일반적인 단어로 정착되었죠. 그런데 저는 '자기긍정감'이 유행하기 전부터 자기긍정감을 갖지 못했습니다. 무엇보다 다른 사람이 아무런 이유 없이 무서웠고 칭찬을 받아도 그대로 받아들이지 못했어요. 오히려 '나한텐 그럴 가치가 없다'며 우울해하거나 눈에 보이지 않는 불안감을 항상 마음속에 품고 살았습니다.

선생님을 뵙기 전에 '결국 내 마음속의 과제는 무엇일까?'라며 다시 한 번 곰곰이 생각해보았습니다. '자기긍정감이 없다는 점'이었습니다. 그게 다였습니다. 그리고 그 과제에 대해서 상담했습니다. 지금까지 앓았던 병력, 스스로에게 자신감이 없다는 점, 심리 치료를 받으러 갈 때마다 우울했던 일 등 낯가림이 심한 편인데도 처음 만난 선생님과의 면담 1시간 동안 마치 봇물이 터지듯이 오만가지 일들을 다 쏟아냈고 그런 저의 열기에 놀랐습니다. 선생님께서는 미소 지으며 "이렇게 이야기를 듣고 있으면 왜 이런 분이 자신감이 없으시지 하는 생각이 드는데요?"라고 말씀하셨죠. 그다음 제 입에서 나온 답이 무척 신기했습니다. "그렇네요…. 그러게요."

그 이후부터는 제가 지금까지 책을 통해서 피상적으로 알아온 모든 지식을 현실에 접목하는 작업을 했습니다. 선생님께서는 끈기 있게 저를 이끌며 끝까지 동행해주셨습니다. 예를 들어 마음챙김 책에서 읽고 머리로는 이해했어도 지속할 수 없었던 '호흡법'은 선생님과의 약속 덕분에 지킬 수 있었고 '내 몸을 잘 느낄 수만 있어도 마음이 차분해진다는 것'을 깊이 깨달았습니다. 이렇게 간단한 방법만으로도 인생을 바꿀 수 있다니, 그 효과를 실감한 것이죠. 또한 이너 차일드(Inner child) 개념도 알고는 있었지만 제 안에서 '울고 있던 작은 아이인 나'를 명확하게 눈에 보이도록 불러내주신 것은 선생님이었습니다. 이 밖에도 다양한 셀프 케어 방법과 대처법을 때로는 웃는 얼굴로, 때로는 신중하게, 때로는 천진난만한 시선으로 저를 바라보며 지도해주신 선생님 덕분에 불과 8개월 만에 '이제 괜찮다'고 안도할 수 있게 되었습니다. 그리고 "일단 졸업하겠습니다!"라고 말할 수 있게 되었습니다.

불안이 서서히 사라져 하고 싶은 일이 많아졌습니다 (20대 남성)

저는 공황 장애로 매사에 자신감이 없었습니다. 이미

벌어진 과거도 싫었지만 무엇보다 앞으로가, 미래가 불안했습니다. 일단 이런 불안만이라도 덜고 싶다는 생각에 카운슬링을 받아보기로 했죠.

그 결과, 하루가 다르게 상태가 좋아졌습니다. 가장 좋았던 점은 매일 간단하게 혼자서도 불안에 대처할 수 있다는 것이었습니다. 공황 상태에 빠질 것 같을 때 어떻게 하면 좋을지를 배워서 불안이 많이 줄어들었습니다. 약을 복용하지 않고 제힘으로 좋은 효과를 얻고 있다는 사실이 무엇보다 기쁩니다.

지금까지 불안에 떨며 끔찍하게 싫었던 것도 강도가 약해졌고 불안감도 많이 잦아들어서 하고 싶은 일이 많아졌습니다. 앞으로도 매일 트레이닝을 지속하며 심리적인 면을 강화해서 뿌듯하고 의미 있는 멋진 나날을 보내려고 합니다.

저를 사랑하는 일의 소중함을 알게 된 것이
제 인생의 보물입니다 (30대 여성)

위경련 증상으로 병원에 갔는데 그때 진료해주셨던 의사 선생님께서 카운슬링을 권하셨습니다. 그것이 계기가 되어 야나가와 유미코 선생님과 만났습니다.

솔직히 말해서 처음에는 당황스러웠습니다. 카운슬링에 대한 의심이 많았거든요. 그런 저를 선생님은 따뜻하게 보듬어주듯 편안한 카운슬링을 진행해주셨습니다.

단 한 번도 저를 부인하신 적이 없었고 생각을 스스로 수정해나갈 수 있도록 이끌어주었습니다. 연애, 가족, 직장 등이 지금은 매우 편안해졌고 약도 먹지 않고 위경련도 사라졌습니다. 야나가와 유미코 선생님의 말 한마디, 한 마디에 위로받고 응원받아서 지금의 행복을 누릴 수 있다고 생각합니다.

자신을 사랑하는 것이 얼마나 소중한지 깨닫게 된 게 제 인생의 가장 큰 보물입니다. 선생님께 앞으로도 신세 지는 일이 많을 텐데 부디 잘 부탁드립니다!

마음이 평온한 매일을
보낼 수 있게 되었습니다 (30대 여성)

오랫동안 품고 살았던 마음의 문제가 단시간에(약 4개월) 해결될 수 있으리라고는 생각지도 못했습니다. 정말 신기하고 묘한 기분이고 평온한 일상을 보낼 수 있게 되어서 선생님께 무척 감사드립니다.

자신을 긍정적으로 바꿨습니다 (30대 여성)

이곳에 오게 된 것도 인연이고 선생님의 코칭 덕분에 제 자신을 긍정적으로 바꿀 수 있었습니다. 감사합니다.

나 자신에게 선물을! (70대 여성)

오랜만에 마음에 쌓아두었던 것을 모두 쏟아낼 수 있어서 속이 다 후련합니다. 오늘 선생님과의 값진 시간은 그야말로 '저에게 주는 선물'입니다. 감사합니다.

이곳을 찾은 지 4번 만에 인생이
달라졌습니다 (40대 여성)

상담을 받으러 다른 곳도 가봤지만 아무 소득이 없었습니다. 그런데 이곳은 4번 만에 제 인생이 달라졌습니다. 항상 벼랑 끝으로 내몰리던 불안한 매일에서 해방되어 마음이 편안해졌습니다. 정말 감사합니다.

이 책을 든 독자 여러분에게

안녕하세요. 불안 전문 카운슬러 야나가와 유미코입니다.

이 책은 여러분의 불안을 단숨에 누그러뜨리는 방법을 소개합니다.

'생각이 너무 많아서 초조하고 불안해.'

이렇게 느끼는 분들이 적지 않습니다. 대다수가 완벽주의자에 성실한 사람입니다. 책임감이 강하고 노력파이기도 하지요. 게다가 상냥하기까지 해서 자신보다 상대방의 기분을 우선하기 쉽고요.

그 탓에 속마음을 제대로 표현하지 못한 채 스트레스를 쌓다가 결국 몸과 마음의 균형을 잃고 무너지고 맙니다. 혹은 무얼 봐도 불안해져서 정작 필요할 때 실력을 제대로 발휘하지 못하기도 합니다. 이러는 자신이 한심해 자신감을 잃는 경우도 꽤 많지요.

'불안감만 사라지면 한결 편할 텐데…'

현재 제가 상담 치료를 하고 있는 가나가와현 가마쿠라시(神奈川県鎌倉市)와 요코하마시 미나토미라이(横浜市みなとみらい)의 카운슬링 클리닉에는 이런 고민으로 연일 문을 두드리는 사람들이 많습니다. 그중에는 오랫동안 정신과 약을 복용하고 있는 분도 있습니다.

다만 왜 약에 의존하는가 생각해보면, 실은 불안할 때의 대처를 그 방법밖에 모르기 때문입니다. 일상에서 할 수 있는 아주 사소한 셀프 케어로 불안이 누그러진다는 사실을 모르는 것이죠.

이런 분들을 대상으로 클리닉에서는 상담과 함께 본인이 스스로 할 수 있는 간단한 습관을 알려주고 있습니다. 이 습관들을 전수받은 상담자 수는 약 8천 명 정도입니다. 모두 심리학과 뇌과학적인 근거에 따라 효과가 검증된 방법들입니다.

셀프 케어를 실천한 분들은

'오랫동안 안고 있던 마음의 문제가 단기간에 해결되었다'

'약을 먹지 않아도 차츰 상태가 호전되었다'

'부정적인 감정이 발작처럼 솟구쳐 올라서 압도당하던

일이 사라졌다'

'나 자신에게 자신감이 생겼다'

라는 기쁜 목소리를 많이 들려주고 있습니다. 그래서 이 책에는 상담자들로부터

'효과가 상당히 좋았습니다!'

'불안한 마음이 한결 가벼워졌어요!'

등의 후기가 많았던 불안 해소법만을 추려 담았습니다.

힘들고 괴로울 때 가까운 지인 또는 전문가에게 의지하거나 약을 복용하는 것은 매우 중요한 일입니다. 그러나 그에 못지않게, 아니 그보다 더 본인 스스로 자신을 돕는 방법을 알아두는 것이 중요합니다. 그러면 불안이 눈덩이처럼 점점 커지기 전에 대처할 수 있고 불안에 휩싸여 큰 변을 당하는 일은 일어나지 않기 때문이죠.

이 책은 총 62가지 습관을 소개하고 있습니다. '이건 좀 재미있을 것 같다' 싶은 방법이 있다면 가벼운 기분으로 시도해봤으면 좋겠습니다. 자신에게 꼭 맞는 방법을 분명 만나게 될 거예요.

마음을 가라앉히고 여유를 가질 수 있게 해주는 케어 활동은 만일의 경우에 당신에게 반드시 큰 힘이 될 것입니다.

당신의 마음을 지켜주는 당신만의 방법을 이 책을 통해서 발견할 수 있다면 불안 전문 카운슬러로서 더 큰 기쁨과 보람은 없을 것입니다.

야나가와 유미코(柳川由美子)

확실한 효과를 위해서
알아두어야 할 것

여기에는 습관을 실천하기 전에 미리 알아두었으면 하는 것을 정리했습니다. 이 부분을 읽으면 확실한 효과를 실감할 수 있으니 넘기지 말고 꼭 읽어주세요!

당신은 왜 불안할까?

제일 먼저 말하고 싶은 것은 '왜 당신은 쉽게 불안해지는가?'입니다.

왜 그럴까요? 이유는 우리가 태생적으로 그렇게 타고난 생물이기 때문입니다. 인간의 의식은 '불안'으로 향하도록 유전자에 새겨져 있습니다.

먼 옛날, 우리 선조들이 가장 두려워했던 것 중 하나가 들판에 숨어 사는 검치호랑이(Sabre-Tooth Tiger)와 같은 육식 동물이었습니다. 선조들은 행복한 시간을 보낼 때도, 가령 맛있는 음식을 먹거나 친구와 즐거운 시간을 보내던 도중에도, 목숨을 위협하는 맹수의 낌새가 느껴지면 곧바로 그곳에 의식을 집중시켜야만 했습니다. 불안을 자극하는 상대와 싸울 것인가, 도망칠 것인가. 판단이 조금이라도 늦어지는 순간 잡아먹히기 때문입니다.

불안한 낌새를 재빨리 감지하며 위험을 관리했기에 살아남은 주의 깊고 신중한 사람들. 그런 사람들의 자손이 바로 지금의 우리입니다.

불안에 민감한 선조들의 DNA가 현대를 살아가는 우리에게 고스란히 이어져 내려왔습니다. 그러니 당신이 불안에 민감한 것은 지극히 당연합니다.

24시간 당신의 안전을 지키는 기특한 우리 '불안이'!

불안에 민감한 것은 살아남기 위해서 필요한 일이었습니다. 오히려 불안은 당신에게 '○○야, 위험해! 이대로 있다간 큰일 날지도 몰라!'라고 알려주는 소중한 알람입니다. 게다가 이 알람은 24시간 당신의 안전을 지키고자 누구보다도 근면 성실하게 일합니다. 그뿐인가요, 아주 자그마한 위험도 곧바로 감지하고 '○○야, 괜찮아? 빨리 뭐라도 하는 게 좋을 것 같아!'라고 일러주죠. 1년 365일, 단

하루도 쉬지 않고 말입니다. 이렇게 생각하면 불안이란 존재가 왠지 모르게 안쓰럽기까지 합니다.

'불안이'라고 친숙하게 부르고 싶을 만큼 기특한 알람이 사소한 위험도 곧바로 알려주었기 때문에, 우리는 수많은 위협 속에서도 어떻게든 살아남을 수 있었습니다.

다만 '불안이'는 지나치도록 성실하고 민감합니다. 그래서 1만 년이라는 시간이 흘러 맹수에게 잡아먹힐 위험에서 벗어난 지금도 우리는 불안 알람을 느끼면 과민하게 반응하고 맙니다.

당신을 지켜주는 기특하고 성실한
'불안이'

환하게 웃는 사람들로 가득찬 방에서 찌푸린 표정을 짓는 단 한 사람을 쉽게 찾아내고, 즐거웠던 날보다 힘겨웠던 날을 더 선명하게 기억하고, 타인에게 들었던 기분 좋은 말보다 기분 나쁜 말만 잔뜩 떠올립니다. 부정적인 뭔가를 느끼면 곧바로 불안이 알람을 울리기 때문입니다.

다시 말하지만 불안은 당신을 위험에서 지키는 중요한 신호입니다. '불안'이라고 하면 부정적으로 생각하기 마련인데 그렇지 않습니다. 오히려 '이렇게 있다가는 위험하니 대비하자'고 알려주는 매우 소중한 존재입니다. 당신이 쉽게 불안을 느끼는 것은 당연한 일이고 정상이라는 뜻이죠.

많은 사람이 '불안한 나' = '비정상적인 나'라고 생각하는데 결코 그렇지 않아요. 불안한 감정에도 중요한 의미가 있다는 점을 일단 확실히 숙지합시다.

물론, 불안 알람이 너무 시끄러울 정도로 울면 곤란한 점도 있습니다. 할 일을 하지 못하는 것입니다. '실수라도 하면…' 하는 불안 알람이 너무 강하게 울면 중압감에 사로잡혀 새로운 일에 도전할 수가 없습니다. '만약에 저 사람이 나를 싫어하면…' 하는 불안 알람이 너무 심하게 울면 경직되어서 해야 할 말을 하지 못합니다.

불안이 초래하는 두려움으로 사고가 정지되고, 나중에 더 심각한 상황으로 내몰릴 수 있다는 걸 알아도 꼼짝하지 못하는 것입니다.

'불안이'의 목소리에 귀를 기울이면…

그럼 어떻게 해야 불안으로 사고가 정지되거나 움직이지 못하는 사태를 막을 수 있을까요?

우선 '아, 지금 불안 알람이 울리고 있구나!' 하고 알아차리는 것. 알아차렸다면 그 유형에 따라 필요한 케어를 해주는 것입니다.

재차 언급하지만 불안의 역할은 당신에게 '이런 종류의 위험이 다가오고 있다'고 알려주는 것입니다. 예를 들어 '이대로 가다가는 다툼이 벌어질지도 몰라' '요즘 애정 부족으로 마음이 메말라가는 것 같지 않아…?' 같은 것들요.

이런 위험을 불안은 심장의 두근거림이나 가슴속 답답함과 초조감으로 당신에게 알리고 있습니다. 그러니 일단 '불안이'의 목소리를 알아차리고 귀를 기울여보세요. 그것만으로도 '당신에게 위험을 알려야 한다'는 역할을 다한 불안의 알람 소리는 놀랄 정도로 사그라듭니다.

또한 당신이 느끼는 불안의 종류를 알면 적절한 케어

로 대처할 수 있습니다.

이 책에서 전하고 싶은 것도 불안의 유형에 따른 대처 방법입니다. 확실히 케어해서 알람 소리를 점점 줄여갑시다.

잠재의식의 '장난'이란?

'그렇게 좋은 방법이 있다면 꼭 한번 해보고 싶어요!'라고 생각한 당신.

좋습니다, 아주 좋은 반응이에요!

그럼 곧바로 시작을… 이라 말하고 싶지만, 잠시만요.

그 전에 알아두어야 할 것이 딱 하나 있습니다.

앞으로 당신의 잠재의식이 걸어올 '장난'에 대해서입니다.

우리의 잠재의식은 친숙한 것을 무척 좋아해서 변화를 싫어하고 거부합니다. 왜냐하면 변화로 인해 앞으로 어떻게 될지 모르기 때문이죠. 모른다는 것, 즉 불확실하다는 것은 불안입니다. 그래서 불안에 민감한 우리는 변화를 무의식적으로 두려워합니다.

일본 라디오 프로그램 <텔레폰 인생 상담>의 진행자인 가토 다이조(加藤諦三) 와세다 대학교 명예교수는 그의 저서 《불안을 가라앉히는 40가지 힌트》에서 이렇게 언급했습니다.

'지난 몇십 년간 목숨을 걸고 불행에 집착하는 사람을 많이 목격해왔다. 이는 인간에게 있어서 불행보다 불안이 훨씬 더 강한 감정이기 때문이다. 인간은 불안을 피하기 위해서라면 죽을힘을 다해서 불행에 매달린다.'

즉 우리의 잠재의식은 변화를 선택해서 불안해질 바에야 설령 현재가 불행할지라도 아무것도 하지 않는 선택을 한다는 이야기입니다. 당신에게도 뭔가 짚이는 일이 있지 않은가요?

한 발만 내디디면 더 행복해질 수 있는데 선뜻 이직을 못하거나, 친해지고 싶은 사람에게 말을 걸지 못하거나, 미용실에서 항상 같은 헤어스타일을 고수하는 등….

그 정도로 잠재의식에게 '변화'는 공포의 대상인 것입니다.

그래서 새로운 도전을 하려고 하면, 잠재의식은 즉시 당신이 하려는 일에 브레이크를 겁니다. 무슨 말이냐면… 잠시 이 책의 책장을 후루룩 넘겨볼까요?

몇 가지 실천법이 눈에 띄었을 텐데 그것을 보고서 어떤 생각이 들었나요? 이런 생각이 들지 않았나요?

'엇, 이렇게 행동하라고? 의미가 있을까?'

'이런 거 해봤자 무슨 소용 있겠어.'

그래요, 바로 그것입니다!

그러한 마음의 소리가 잠재의식의 장난입니다.

변화가 두려워서 지금에 머무르려는 것, 즉 무의식이 거는 제동이지요.

그대로 액셀을 밟자!

그러나 다음 사실이 가장 중요한데, 제동이 걸렸다는 것은 '이미 엔진이 가동되었다'는 걸 뜻합니다.

이미 변화는 시작됐습니다.

그래서 '해봤자 어차피 바뀌지 않아!' 하는 목소리가 들릴 때야말로 실은 기회입니다. 이때 이 책에 써 있는 방법을 실제로 해보세요.

개중에는 이미 알고 있는 것도 있겠지만 중요한 건 아는 것이 아니라 '실제로 해보는 것'입니다. 제가 앞으로 소개할 습관들을 '활동'이라 부르는 이유이기도 합니다. 행동만이 당신을 지금 서 있는 곳에서 다른 곳으로 옮겨줄 수 있습니다. 항상 같은 일만 반복하면 여태까지 얻은 동일한 결과밖에 안 나오지만, 다른 일을 시작하여 계속해가면 이내 다른 결과가 생깁니다.

발가락 끝에 힘을 싣고 첫발을 떼어봅시다. 그것만으로 새로운 경치가 보입니다. 영화를 볼 때 자리가 한 칸만 달라져도 시야가 트이거나 들려오는 소리들, 관람 환경에 여러 차이가 생기지요? 마찬가지로 한 걸음 내디디면 지금까지 눈에 들어오지 않았던 것, 예를 들면 당신을 도와주거나 당신에게 행복을 가져다줄 것 등 두근거리는 '가능성'이 여러 개 보일 것입니다.

새로운 가능성을 발견할 수 있는 유연한 마음은 지금까지 당신을 괴롭혀온 불안조차 당신을 밝게 빛나게 하는 힘으로 바꿀 수 있습니다.

자, 시작해봅시다!

차례

제1장   '자신감이 없어 생기는 불안'이 말끔히 사라지는 습관

제2장 '사람에게 느끼는 불안'이 순식간에 사라지는 습관

제3장 '갑자기 닥친 패닉'이 단숨에 진정되는 습관

제4장　'막연히 속이 답답한 불안'이 쏙 사라지는 습관

제7장 '두근두근 기분 좋은 내일'이
지금 시작되는 습관

제1장

'자신감이 없어 생기는 불안'이
말끔히 사라지는 습관

자신감이 없으면 뭘 하든 불안해지기 마련입니다.
하지만 이는 반대로 말하면, 자신감만 생기면
불안한 마음이 분명 가벼워진다는 것.
자신에게 OK사인을 자주 보내면 변화가 시작됩니다!

외면에 애정을 쏟으면
내면의 긴장이 풀린다

일단 엄청나게 간단하면서 효과 만점인 방법부터 시작하
겠습니다.

자신감이 없어 무심코 '난 안 될 거야…'라는 생각이 드
는 분들에게 꼭 권하고 싶습니다. 바로 자신의 내면보다
외면, 즉 신체에 애정을 쏟는 방법입니다.

해야 할 일은 두 가지뿐입니다.
① 양손을 가슴 앞으로 가져와서 서로 교차시키고 위 팔뚝을
   위아래로 쓸어내렸다 올렸다를 반복합니다.

이 동작을 얼마간 계속하고 있으면 뇌가 자극을 받아 '옥시토신(Oxytocin)'이라는 호르몬이 분비됩니다. 옥시토신은 '애정 호르몬' '포옹 호르몬'이란 별명으로 불리는 신경 전달 물질입니다. 팔뚝 바깥쪽이나 등을 쓰다듬거나 쓸어내리면 분비된다고 알려져 있습니다.

아이를 키우는 엄마들이 "그래그래"라며 우는 아이의 등을 쓰다듬으며 달래지요? 이는 등을 쓰다듬으면 옥시토신이 분비되어 아이가 안심한다는 것을 경험으로 알고 있기 때문입니다.

이 동작을 유지하면서

② 스스로에게 이해와 위로의 말을 건넵니다.

"그래, 넌 최선을 다하고 있어. 얼마나 기특해!"

"괜찮아, 괜찮아. 충분히 잘하고 있어!"

자신감을 잃고 의기소침해진 자신에게 이렇게 말해줍시다.

직접 해보면 알겠지만 평소에 '아니야, 나 같은 게 뭘…'이라며 칭찬의 말에 손사레치기 바빴던 사람도, 위 팔뚝을 쓸어내렸다 올렸다 하며 자신에게 격려와 위로의 말을 건네면 꽁꽁 언 마음이 사르르 녹아내리면서 그 말을 순순히 받아들이게 됩니다.

마치 사랑하는 엄마가 곁에서 당신을 보듬어주고 응원해주는 것처럼요.

이것이 바로 옥시토신의 효과입니다!

신체에 애정을 쏟으면 마음의 긴장도 풀립니다.

그래서 심리 치료를 처음 받으러 온 사람에게 저는 "이 동작을 여러 번 반복해보세요"라고 권합니다. 실제로 해보고 '자신도 모르게 마음이 차분해졌다'는 후기를 전한 분들이 꽤 많은 동작입니다.

참고로 사랑하는 사람과 나누는 스킨십은 스트레스를 경감하는 효과가 있다고 알려져 있는데, 최근 들어 '자기 자신에게 하는 스킨십'도 동일한 효과가 있다는 것이 밝혀졌습니다.

독일 프랑크푸르트 괴테 대학교 심리학 연구소의 알료샤 드라이소에르너(Aljoscha Dreisörner) 연구팀에 따르면 일면식도 없는 사람이 20초 동안 안아주는 포옹은 물론 자기가 자신을 20초 동안 안는 셀프 터치도 스트레스 호르몬인 코르티솔(Cortisol)의 수치를 낮춘다고 합니다.

또한 전혀 모르는 사람이 해주는 포옹보다 오히려 셀프 터치가 스트레스를 낮추는 효과가 더 컸다고 합니다.

사랑하는 사람이 늘 옆에 있으리라는 보장은 없지만, **'당신' 옆에는 반드시 '당신'이 있습니다.**

그 사실을 떠올리는 것은 항상 든든하게 내 편이 되어주는 존재를 두고 있는 것과 같습니다. '위 팔뚝을 쓸어내리고 올리고 + 위로의 말을 건네는 동작'이 이를 떠올리게 하는 계기가 되므로 가능하다면 하루에 한 번, 아니여러 번 해보길 권합니다.

횟수가 많아질수록 불안도가 줄어듭니다.

잠들기 전에 하면 잠도 잘 오고요!

🍀 '위 팔뚝을 쓸어내리고 올리기 + 위로와 격려의 말을 건네기'로 자신감이 불끈 솟는다.

침대 위의 인형이
해줄 수 있는 일

혹시 '나 자신한테 위로의 말을 건네는 것이 아직 어색하다'고 느끼는 분들에게는 이 방법을 추천합니다.

먼저, 폭신폭신한 봉제인형을 하나 준비해서 자신과 비슷한 이름을 붙입니다.

가령 당신의 이름이 '선영'이라면 "영이야~"라는 식으로 말입니다. 이름을 붙인 봉제인형은 이제 당신의 소중한 '분신'입니다. 분신이니 당신이 느끼는 불안과 자신 없음을 똑같이 느낄 수 있습니다.

이제, 자신감이 없어서 우울하고 의기소침할 때 당신과 똑같은 감정을 느끼고 있는 봉제인형에게 편하게 말을 건네봅시다.

"영이야, 나 오늘 선배에게 기분 나쁜 말을 들었어. 너무 심했지?"

"그 사람한테 용기 내서 인사했는데 무시당했어. 얼마나 서운하고 무안하던지…" 등등.

풀이 죽어 있는 친구를 위로하듯이 말을 걸어보세요.

그리고 말을 건네면서 봉제인형을 부드럽게 쓰다듬거나 꼭 안아봅시다. 마치 누군가가 당신을 포근히 감싸 안아주는 것 같이 가슴이 뭉클하고 따뜻해질 것입니다.

폭신하거나 말랑말랑한 물건을 만지고 안으면 앞서 언급했던 애정 호르몬인 옥시토신이 방출된다고 알려져 있습니다. 우리는 뭔가를 껴안으면 그것이 마치 자기 자신을 꼭 안아준 것과 같이 느끼는데 이 역시 호르몬 덕분이지요.

2013년 암스테르담 대학교의 샌더 쿨(Sander Koole) 박사 연구팀은 인형의 불안 완화 효과를 실험했습니다. '죽음의 공포'를 얼마나 느끼는지 설문하면서 곰인형 '테디베어'의 손으로 일부 참가자의 등을 쓸었더니, 이들은 다른 참가자에 비해 공포감을 확연히 약하게 평가하는 결과가 나타났습니다.

실제로 1차 세계대전 당시 공포에 떨던 영국 아이들의 불안을 누그러뜨리고 큰 위로를 준 공로로 테디베어는 영국 정부로부터 명예훈장을 받기도 했답니다.

이렇듯 인형은 접촉하고 껴안는 것만으로 우리의 기분을 낫게 합니다. 여기에 더해 당신의 인형에게 격려의 말을 건네보세요.

"영이야, 괜찮아. 잘하고 있어!"

선뜻 자신에게 건네기 어색했던 다정한 말도 인형에게

는 쉽게 할 수 있습니다.

이것이 의외로 큰 힘이 됩니다.

실제로 이렇게 자신을 배려하면 스트레스 감소, 행복 지수 상승, 회복탄력성(Resilience, 곤란하거나 위협적인 상황에 잘 적응할 수 있는 능력) 향상, 불안과 우울증의 예방 및 개선 등 다양한 효과가 나타난다는 것이 수많은 연구를 통해 검증되어 있습니다.

자기 자신을 아끼고 보듬는 일을 어렵게 느끼는 분이라면 이 방법을 꼭 시도해보세요.

🍀 귀여운 봉제인형에게 자상하고 상냥하게!

누구나 달갑지 않은 정보를
들으면 불안하다

"수고했어!" "충분히 잘하고 있어!"라는 격려의 말이 좀처럼 와 닿지 않는 분들도 있을 겁니다. 그렇다면 무리하지 말고 자신감을 갖지 못하는 자기 자신을 인정해줍시다. **'부정적인 나도 괜찮다'고 그저 받아들이는 것입니다.**

사실 누구나 달갑지 않은 정보를 들었을 때 불안을 느낍니다.

가령 친구가 나보다 시험 성적이 좋거나 사귀는 사람이 먼저 생겼을 때 질투가 나서 '그에 비하면 나는…'이라

며 불안해하는 것은 지극히 당연한 반응입니다. 어딘가
에 부딪히면 아픈 것과 마찬가지로요.

아프다는 감각은 당신이 살아가는 데 치료가 필요하
다고 알려주는 신호입니다. 부정적인 감정도 같습니다.
살아가는 데 어떤 처치가 필요하다고 알려주지요. 그러
니 부정적인 감정을 무시하거나 회피하지 말고 받아들입
시다.

**알람은 무시하면 무시할수록 당신이 알아차릴 수 있도록 더
크게 웁니다.** 반면 신호가 울리고 있음을 인정하면 알람은
'통지한다'는 역할을 마쳤기에 바로 그칩니다. 따라서 불
안할 때는 '옆 사람과 차이가 벌어지니 자신이 없어지지?'
'맞아, 초조해' 하고 느껴지는 감정을 그저 인정하면 됩니
다. 부정하지 말고, '자신감이 떨어지는 것은 당연한 일이
야. 의기소침해도 괜찮아' '불안해도 괜찮아'라고 있는 그
대로 받아들입시다.

억지로 긍정적인 모습을 보일 필요도 없습니다. '나는
할 수 있어!' '나는 강하다'고 무리해서 힘내려 하면 힘이
나지 않는 자신에 대해 또다시 비난이 시작되기 때문입
니다.

부정적인 자신도, 나약한 자신도 받아들일 수 있는 것이 자기긍정감입니다.

'하지 못하는 나도 괜찮아!'라고 담담히 인정하는 순간 당신의 마음은 유연하면서도 강해집니다.

🍀 '한심한 자신으로도 좋다!'고 홀가분히 인정하자.

자기 비하가 고쳐지는
'한 마디'

사소한 일에도 금세 '난 역시 안 돼…'라고 생각하고 마는 것은, 그렇게 체념하게 만드는 '마음의 버릇'을 갖고 있기 때문입니다. 누군가에게 비하를 당하면 괴로운데, 자신이 습관처럼 스스로를 깎아내리고 있다면 얼마나 힘이 들까요.

그러니 **'난 나를 너무 안 된다고만 하나?'라는 생각이 드는 분은 말미에 '~라고 생각했었다'라는 어구를 붙여보세요.**

'나는 안 돼… 라고 생각했었다'라는 식으로요.

문장을 과거형으로 끝맺으면 신기한 일이 벌어집니다.

 '나는 안 돼… 라고 생각했었다. 그러면 지금은?' 하는 생각이 자동으로 떠오릅니다. 이를 반복하면 무심코 '나는 안 돼'에서 끝나고 말았던 마음의 버릇을 조금씩 고칠 수 있으며, '지금은 그렇지 않을지도 모른다'라는 생각에도 미치게 됩니다.

 자기 자신을 나무라고 질책하게 될 때 반드시 기억했으면 하는 주문입니다.

🍀 나에 대해 부정적으로 생각"<u>했었다</u>"라고 과거형으로 끝맺자.

애당초 왜 자신감이 없는 걸까?

클리닉을 찾아오는 상담자들 중에는 '자신감이 없다'고 말하는 분들이 꽤 많은데, 그런 자기 평가와 달리 대다수가 놀라우리만치 유능합니다.

창업가 혹은 경영인이거나 일반 회사원이라도 책임이 막중한 요직에 있고, 학생의 경우에는 우등생인 경우가 많습니다. 제 입장에서 보면 이들은 누구 못지않게 열심히 사는 노력파로서 훌륭한 성과를 충분히 내고 있습니다.

그런데도 '자신감이 없다' '나는 잘 못한다'고 말합니다. 왜 그럴까요?

사실 이들에게는 공통점이 있습니다. 완벽주의자라는 점입니다.

완벽을 추구하니 100퍼센트에서 단 1퍼센트라도 모자라면 '완벽하지 않은 나는 무능하다'가 됩니다. 그런데 세상에 완벽하게 100퍼센트를 할 수 있는 사람이란 존재하지 않습니다. 당연히 자신감을 계속해서 잃어갈 수밖에요.

이런 완벽주의자 성향을 지닌 사람의 특징은 바로 '~해야 한다'라는 생각 방식입니다.

'일은 완벽히 처리해야 한다.'

'상위권 고득점을 유지해야 한다.'

'집안일을 빈틈없이 해야 한다.'

'다른 사람에게 하소연하거나 약한 소리를 하지 말아야 한다.'

혹시 당신에게도 평소 이런 생각이 들지 않았나요?

실제로 다른 사람의 눈으로 보면 '꼭 그렇게 해야 하나?'라고 느껴지는 일이 대부분입니다. 우리가 기계나 AI가 아닌 이상 모든 업무를 한 치의 빈틈없이 처리할 순

없고 그럭저럭에 가까우면 될 것입니다. 또 고득점은 중요한 시험에서만 받으면 되지 매번 우등이 아니어도 괜찮지 않을까요? 집안일도 마찬가지입니다. 최소한의 범위만 해도 일상생활에 아무런 지장이 없습니다. 이따금씩 주변 사람에게 하소연을 한대도 오히려 그런 당신을 측은하게 생각해주는 사람도 있을 것입니다.

매사에 '~해야 한다'라고 생각하면 이렇듯 유연하게 생각할 수 있는 가능성이 사라집니다. 줄기가 부드러운 나무는 바람에 흔들리긴 해도 부러지지 않지만, 생명력 없이 뻣뻣한 나무는 작은 바람에도 우지끈 부러지고 맙니다. 인간 역시 생각에 유연함을 잃으면 스트레스를 받았을 때 마음이 뚝 부러져 우울에 빠져들기 쉽습니다.

마음의 유연성을 되찾고 무의미하게 자신감을 잃지 않기 위해서는, '~해야 한다'라는 압박이 들 때마다 **"~할 수 있으면 좋겠다"**라고 고쳐서 말해봅시다.

'일은 완벽히 처리해야 한다.'
→ '일을 완벽하게 처리할 수 있으면 좋겠다.'

'상위권 고득점을 유지해야 한다.'

→ '고득점을 유지할 수 있으면 좋겠다.'

'집안일을 빈틈없이 해야 한다.'

→ '집안일을 빈틈없이 할 수 있으면 좋겠다.'

'다른 사람에게 하소연하거나 약한 소리를 하지 말
아야 한다.'

→ '다른 사람에게 하소연하거나 약한 소리를 하지
    않을 수 있다면 좋겠다.'

말끝을 달리하는 것만으로 중압감의 무게가 한층 덜
어진 기분이 들 겁니다. '할 수 있으면 좋겠지만 할 수 없
어도 괜찮다'라는 메세지를 저절로 몸에 새기게 되기 때
문입니다.

스스로가 세운 기준을 낮추고 생각에 '유연성'을 더하
면 자기 비하를 일삼던 마음의 소리가 점차 사라질 것입
니다. 완벽하게 할 수 없는 자연스러운 자신을 미워하는
일도 없어요.

🍀 '~해야 한다'에서 '~할 수 있으면 좋겠다'로 장벽을
낮춰보자.

한번 눈에 띈 결점이
부각되어 보일 때

우리는 인간이기에 어쩔 수 없이 '부족한 부분'에 시선이 가기 마련입니다.

예를 들어 다음 페이지의 두 그림을 볼까요? A의 '동그란 원'과 B의 '모자란 원'을 봤을 때, 우리는 어쩔 수 없이 A보다 B가 더 신경 쓰이고 B의 덜 완성된 부분으로 시선이 향하고 맙니다.

이는 자기 자신을 바라볼 때도 마찬가지입니다.

일단 부족한 부분이 눈에 띄면 그 부분만 크게 부각되어 보이고 신경이 쓰입니다.

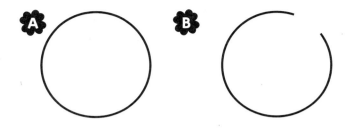

부족한 부분이란 결점(이라고 스스로 생각하고 있는 부분)입니다. '나는 머리가 나쁘다' '고집이 세다' '매사에 소극적이다' 등….

그러나 실제로 B에는 대부분 선이 채워진 것처럼 많은 장점이 숨어 있습니다.

예를 들어 '자상하다' '성실하다' '배려심이 있다' '밝다' '사려 깊다' '호기심이 왕성하다' '남을 웃기는 것을 좋아한다' '재밌어서 계속해나가고 있는 일이 있다' 등등이요.

좋은 점이 이렇게 많은데도 빈 부분으로만 시선이 향하고 마는 것입니다.

그렇다면 어떻게 해야 비워진 곳보다 채워진 곳으로 의식을 집중시킬 수 있을까요?

매우 간단한 방법이 있습니다. 바로 자기 자신을 '감점법

(減點法)'이 아니라 '가점법(加點法)'으로 바라보는 것입니다.

'그걸 못한다'가 아니라 '이걸 할 수 있다!', '그것이 없다'가 아니라 '이것을 갖고 있다!'는 식으로 자신에게 없는 것이 아니라 있는 것을 찾는 습관을 기르는 일입니다.

그 방법으로 먼저 자신의 장점에 대해 번호를 매기면서 종이에 써봅시다.

만약 스스로 떠오르지 않는다면 주변 사람에게 "내 장점이 뭐라고 생각해?"라고 물어봐도 좋습니다.

종이에 써서 눈에 보이는 형태로 열거하면 '어머! 나한테도 이렇게나 좋은 점이 많았구나!' 하고 가슴이 뛰기 시작할 것입니다.

자신의 장점을 도무지 모르겠다면 자신이 할 수 있는 것을 종이에 써봅시다.

'요리를 할 수 있다' '다른 사람의 이야기를 잘 들어준다' '그 프로젝트를 성공시켰다' 등이 있을 것입니다.

막상 써보니 은근히 많지요?

자신이 할 수 없는 것에 집중되기 쉬운 의식으로 인해 자존감이 떨어질 때, 일부러 가점법으로 자신이 할 수 있는 것을 나열하면 자신감이 차오릅니다.

인간의 뇌에서는 떠올리고 찾아본 것이 그 존재감을 점점 키워나가기 때문입니다.

장점에 집중하면 결점에 대해서는 서서히 신경을 쓰지 않게 됩니다. 그 결과 자신의 '모자란 원'은 충분히 만족스러운 '원'으로 느껴질 겁니다.

> 🍀 지금부터 당신에게 감점은 금지, 추가점만 매길 수 있다!

먹는 것으로도 자신감이 증폭된다

공황 상태(Panic state, 갑자기 심한 공포감에 두려워서 어찌할 바를 모르는 상태)에 빠지거나 우울 증상으로 고민하는 많은 분들이 스트레스 탓인지 탄수화물이나 단것에 사족을 못 쓰곤 합니다. 그런데 탄수화물이나 단것에 포함된 '당질(糖質)'은 공황 장애와 우울 증상을 오히려 악화시킵니다. 당질을 많이 섭취하면 혈당치 변동이 심해서 졸음이나 집중력 저하, 안절부절, 초조함을 초래하기 때문입니다.

따라서 **공황 장애나 우울 증상을 경감하고 싶다면 당질을**

삼가고 에너지원이 되는 단백질을 많이 섭취해야 합니다.

또한 음식을 먹을 때 순서도 중요합니다. 채소 → 단백질 → 탄수화물(또는 당질) 순으로 섭취해야 오르락내리락하는 혈당치의 변동을 막을 수 있고 정신적으로도 안정됩니다. 예를 들어 샐러드, 다음엔 고기, 그다음에야 빵을 입에 가져가는 식입니다. 이 순서를 꼭 염두에 두었으면 합니다.

또한 단것을 늘상 섭취하는 사람은 비타민 B군을 충분히 섭취하면 좋습니다.

우리 몸은 단것이 많이 들어오면 이를 처리하는 데 비타민 B군을 사용합니다. 비타민 B군은 '행복 호르몬'이라고 불리는 세로토닌(Serotonin)을 만드는 데 필요한 영양성분입니다. 그래서 단것을 처리하느라 비타민 B군이 부족하면 세로토닌이 결핍되어 우울해지기 쉽습니다.

따라서 단것을 끊을 수 없다면 비타민 B군을 아침, 점심, 저녁으로 식사 후에(1회 50mg) 반드시 보충하는 것이 좋습니다. 공황 장애나 우울 증세가 서서히 개선될 겁니다.

클리닉을 찾아온 한 고등학생에게 저는 카운슬링과 병행해서 당질을 삼가고 비타민 B군을 섭취하도록 권했습니다. 그랬더니 우울 증세로 공부할 의욕이 생기지 않아 하위권으로 밀려났던 성적이 불과 6개월 만에 1등으로 쑥 오르더군요! 식생활을 개선하는 것만으로도 원래의 집중력을 되찾은 것입니다.

더불어 공황 장애나 우울 증세가 있는 분 중에는 장내 환경이 나쁜 사람이 많습니다.

우울 증세를 보이는 경우 대개 세로토닌의 분비가 적다고 알려졌는데, 세로토닌의 90퍼센트가 장에서 합성됩니다. 장내 환경이 악화되면 행복 호르몬이 만들어지지 않고 점점 우울해지는 것입니다.

기분이 처지면 무기력해지고 자신감도 떨어집니다.

좀처럼 자신감이 들지 않는 데는 어쩌면 장내 환경에 그 원인이 있을지도 모릅니다.

이런 분들에게 추천하는 것이 바로 '기름'입니다.

먼저 'MCT 오일'을 들 수 있습니다. 코코넛이나 팜에서 중쇄지방산(Medium Chain Triglcerides)만을 추출한 것으로, 일반 기름에 비하여 분해가 잘 되고 몸 안에 지방으로 저장되는 대신 에너지로 소비됩니다. 이 오일을 매일 티스푼으로 한 숟갈(15cc) 정도 단백질 음료나 수프에 섞어서 섭취해보세요. 장내 세균의 균형과 점막을 개선하는 효과가 있습니다. 다만 단독으로 섭취하면 설사할 수 있으니 주의합시다.

한 가지 더 추천하는 것은 오메가3 지방산이 많이 포함된 '아마씨유'와 '들기름'입니다.

아마씨유와 들기름은 장에서 만들어진 세로토닌의 뇌 내 운반에 관여합니다. 우리의 뇌는 60퍼센트가 기름(油脂, 유지)으로 이루어졌으며 세로토닌은 이들 기름에 의해 필요한 장소로 운반됩니다. 기름의 질이 나쁘면 운반이 원활하지 못해 세로토닌이 제대로 작용할 수 없습니다.

그래서 질 좋은 오메가3 지방산계 오일을 매일 섭취해야 합니다. 매일 작은 티스푼으로 한 숟갈 정도 음식에 뿌려서 먹어도 좋고 그대로 마셔도 좋습니다.

　　제가 식생활에 흥미를 갖게 된 계기는 일본 영양 요법 분야의 일인자 미조구치 도오루(溝口徹) 선생의 클리닉에서 카운슬링을 진행했던 일입니다. 관심을 가지는 분들에게 상담과 병행하여 식단 조언을 했더니, 이후 공황 장애나 우울 증상 개선에 놀랄 정도의 효과를 나타내었습니다.

　　평소에 당질을 많이 섭취하는 분, 장내 환경이 나쁜 건 아닌지 신경이 쓰이는 분은, 일단 식생활을 재점검해 보길 바랍니다.

> 🍀 먹는 순서를 바꿔보자. 비타민 B와 질 좋은 기름을 보충하자!

✤

어떤 상태일 때
가장 살기 편할까?

우울감을 자주 느끼는 사람의 사고방식에는 이런 특징
이 있습니다.

'I'm not OK(나는 안 된다)'라며 너무 쉽게 자기 부정을 한
다는 점입니다. 그 결과 주변 사람이 모두 유능하게 보이
고 'I'm not OK. You're OK(저 사람은 잘하는데 나는 안 돼)'
라는 생각에 점점 더 자신감을 잃어갑니다. 이런 상태가
오래 지속되면 세상을 보는 시선이 부정적으로 바뀌어
그대로 굳어지고 맙니다. 살아가는 것만으로도 힘겹게
느껴지지요.

그렇다면 우리는 어떤 상태일 때가 가장 살기에 편안할
까요?

바로 'I'm OK. You're OK(나도 되고 당신도 된다. 모두가 된

다)'의 상태입니다.

자신을 포함한 주변을 긍정적으로 바라볼 수 있으면 불만은 사라지고 우울과 인연이 없는 건강한 멘탈리티(Mentality)를 기를 수 있습니다.

이런 경지에 이르는 핵심은, 타인보다는 먼저 자신에게 OK 사인을 보내는 것입니다. 자존감이 낮은 사람이 상대방에게 먼저 OK 사인을 보내면 '그 사람은 된다. 유능하다. 그에 비하면 나는…'이라며 어쩔 수 없이 자신을 낮게 평가할 수밖에 없습니다. 그런데 자신을 향해 먼저 OK 사인을 보내면 '나도 되고 그 사람도 되고 모두가 된다'라고 생각하게 됩니다. 제 1장에서는 이를 위한 방법들을 소개했습니다.

하지만 '자신에게 괜찮다는 사인을 보낸다는 것이 자신을 너무 봐주는 것 같고 자기 관리에 소홀한 것처럼 느껴진다. 그러다가 자신을 통제하지 못하면 어떡하느냐?'라고 걱정하는 분들도 많을 텐데요. 괜찮습니다.

자신을 너그러운 시선으로 바라보고 여유를 가지면 어느샌가 다른 사람의 행동이 별로 신경 쓰이지 않게 됩니다. 그 결과 당신은 다른 사람을 넉넉히 이해하는 사람이 될 수 있습니다. 제멋대로 구는 통제 불능이 아니라 타인에게 자상하고 친절한 사람이 될 수 있는 것입니다.

그럼에도 '갑자기 내 모습 그대로 괜찮다고 여기는 일이 어렵다'고 느끼는 분은, 만일 자기 자신을 다그치거나 비난하게 될 때면 마음속으로 이렇게 되뇌어봅시다.

'나를 추궁하고 몰아세우는 나 자신을 용서한다. 용서한다. 용서한다.'

'나를 추궁하고 몰아세우는 나 자신을 용서했다. 용서했다. 용서했다.'

자신에게 엄격한 자신의 모습을 용서하면 서서히 OK 사인을 보낼 수 있게 됩니다.

참고로 'I'm OK. You're not OK(나는 되고 나 이외의 사람은 모두 안 된다)'라고 생각하는 사람도 종종 있는데 이는 타인보다 자신을 유능하고 멋지게 보이고 싶은 심리의 표출입니다. 이 역시 자기 자신에게 자신감이 없는 상태이지요.

이런 분도 제 1장에서 소개한 활동을 지속하면 마음에 여유가 생길 것입니다.

제2장

'사람에게 느끼는 불안'이
순식간에 사라지는 습관

왠지 대하기 어려운 그 사람과도
너무 권위적인 그 사람과도
조그만 요령을 알아두면
편하게 소통할 수 있습니다.

인사를 무시당해서
기분이 가라앉을 때는

나름대로 인사를 건넸는데 상대방이 받아주지 않고 무시한다면….

'방금 무시당한 건가? 나를 싫어하나?' '내가 뭔가 잘못했나?' 하고 불안해질 때가 있습니다.

이때 딱히 짚이는 것이 없다면 상대방이 인사를 받아주지 않은 이유에 대해 깊게 생각하지 마세요. **왜냐하면 상대방이 인사를 받지 않은 이유가 당신에게 있다고 단정할 수 없기 때문입니다.**

평소에 쉽게 불안을 느끼는 사람은 '자기중심 편향(Egocentric bias)'이 강합니다.

자기중심 편향이란 결과값이나 주어진 정보를 지나치게 자신과 연관시켜 판단하는 경향을 뜻하는데, 부정적인 일의 책임이 모두 자기에게 있다고 믿는 것이 그 예입니다.

이러한 편향이 지나치면 날씨가 궂은 상황마저도 '나 때문'이란 생각이 들기도 합니다.

'여행갈 때마다 비가 내리네. 내가 비를 몰고 다니나?'라고 한 번쯤 가볍게 생각하는 것을 넘어, '내가 벌 받을 짓을 해서 이런 중요한 날에 비가 내리는 거야' 하고 침울해집니다.

냉정히 생각해봤을 때 한 개인의 행동이 하늘의 날씨를 좌지우지하는 것은 가능하지 않겠지요. 그런데도 마음 한편에 불안이 자리 잡고 있으면 나쁜 일의 원인을 자신과 관련시켜 생각하고 맙니다.

인사도 마찬가지입니다.

상사가 인사를 받아주지 않은 것은 집에서 부부싸움

을 하고 나와 언짢은 기분에 빠졌기 때문일지도 모르고, 회사 매출을 골똘히 생각하느라 미처 주변까지 신경 쓸 겨를이 없기 때문일지도 모릅니다.

동료가 인사를 받아주지 않은 것은 몸이 좋지 않아서 인사할 여유가 없었기 때문일지도 모르고, 친한 친구와 다투어서 속상한 탓일지도 모릅니다.

실제로, 상대방은 당신이 모르는 다양한 속사정을 안고 있습니다. 우리 자신도 겉 표정만으로는 타인이 알 수 없는 많은 곡절을 안고 있는 것처럼요.

인사를 받아주지 않은 데엔 뭔가의 이유가 있겠지만 직접 묻지 않는 이상 우리가 알 길은 없습니다. 모르는 일까지 자신과 연관 지어 생각하는 것은 날씨를 자기 책임으로 돌리는 행위와 같습니다.

그러니 상대방이 인사를 받아주지 않는다고 해서 '나 뭐 잘못했나?' 하는 자기 편향적 생각이 든다면 '아니야! 저 사람이 내 생각만 하는 것도 아니고'라며 사실을 직시합시다.

상대방이 인사를 받아주지 않은 것쯤은 전혀 신경 쓰이지 않게 될 겁니다.

🍀 타인의 언짢은 기분을 굳이 나와 연관시키지 말자.

'날 싫어하는 것 같다'는
불안 대처법

인사를 건넸는데 받아주지 않는 것 외에도, 타인과 주고받는 사소한 대화나 주변인의 눈빛에서 '날 싫어하나…'라는 생각이 들어 불안한 적이 있지 않나요?

이때도 뭔가 나쁜 짓을 했다거나 이상한 말을 한 일 등 분명히 짚이는 게 없다면 대개 자기중심 편향이 초래한 착각입니다.

하지만 기분 탓이라는 것을 알면서도 '날 싫어할지도 모른다'는 기분에 일단 신경이 쓰이기 시작하면 좀처럼 빠져나오기 어렵습니다.

이럴 때는 귀여운 '강아지'의 힘을 빌리면 됩니다.

다음과 같은 이미지를 떠올려보세요.

지금, 당신은 머릿속에 여러 마리의 강아지를 키우고 있습니다.

강아지는 당신의 '착각하는 버릇'입니다.

예를 들어 '나는 잘못한 거 없어'라고 매사에 완고하게 굴거나 '나는 도움이 안 돼'라고 자기를 낮춰 생각하고 마는 습관이지요.

사람은 누구나 이런 '착각하는 버릇'을 몇 개씩 갖고 있고, 당신도 예외는 아닐 것입니다.

착각하는 버릇을 각각 강아지 한 마리라고 간주합시다.

'나는 잘못이 없다(내가 맞다)' = '정의견'

'나는 도움이 안 된다(나는 열등하다)' = '패자견'

이라는 식입니다.

같은 맥락에서 '나는 미움 받고 있을지 모른다'고 생각하는 사람은 '미움견'을 키우고 있다고 볼 수 있습니다.

뚜렷한 이유를 모른 채 누가 날 안 좋아한다고 느껴질 때는 '지금 나한테 미움견이 달라붙어서 재롱을 떨고 있구나'라고 생각합시다. 그러면 '지금은 착각하는 버릇이 나온 것뿐'이라는 사실로 의식이 재빨리 되돌아옵니다.

그다음은 매우 간단합니다. 머릿속에서 멍멍 짖고 있는 '미움견'을 쓰다듬으면서 "워, 워, 괜찮아, 괜찮아"라며 진정시켜서 집으로 들여보내면 됩니다.

이렇게만 해도 '나를 싫어할지도 모른다'라는 불안은 이내 사라집니다.

이어서 '격려견'을 불러내어 '나한테 이렇게나 매력적인 장점이 있으니 자신감을 가져도 되겠어!'라는 희망과 용기를 북돋아준다면 아주 완벽합니다!

참고로 자신의 부정적인 착각을 '강아지'로 간주해서 통제하는 이 방법은 긍정심리학의 권위자인 영국의 일로나 보니웰(Ilona Boniwell) 박사가 고안한 것입니다.

보니웰 박사는 부정적인 착각의 버릇을 크게 일곱 가지로 분류했습니다.

① **정의견** : '꼭 이래야만 맞다'는 생각

② **비판견** : '내 편이 아니면 적' 등 흑백논리에 빠지는 생각

③ **패자견** : '난 이런 것도 못해' 하며 자기를 비하하는 생각

④ **걱정견** : '상황이 안 좋아질 것 같다'고 불안해하는 생각

⑤ **사과견** : '전부 내 탓이다' '폐를 끼쳤어' 등 자책하는 생각

⑥ **포기견** : '잘될 리가 없다' '내게는 무리야'라는 무기력한 생각

⑦ **무관심견** : '마주하고 싶지 않다'고 회피하는 생각

이 모두를 타고난 성격이 아닌 '나의 마음속에 이런 강아지가 살고 있을 뿐'이라 생각하면 불안, 우울, 분노, 공포, 질투, 수치심 등 부정적 감정을 훨씬 통제하기 쉬워집니다. 그러니 괴로운 생각이 들 때는 머릿속 여러 강아지의 존재를 명확하게 인식하고, 강아지들이 집에서 뛰쳐나오는 순서를 관리합시다.

당신의 생각과 감정은 늘 당신이 주인입니다.

> ❀ '미움견'이 내게 달라붙어서 재롱떠는 이미지를 떠올리자.

유독 괴롭힘을 자주 당하는 사람이 있다?!

'괴롭힘을 자주 당하는 사람'은 유감스럽게도 실제로 존재합니다.

그런데 이런 분들 중엔 자신도 모르게 '나를 괴롭혀달라'는 명백한 신호를 보내는 경우가 있습니다.

그런 신호 중 하나가 '몸을 움츠리고 고개를 수그린 모습'입니다.

'웅크리게 되는 건 어쩔 수 없잖아…. 자신감이 없으니까….'

혹시 당신도 이렇게 생각하지 않았나요?

그런데 이는 원인과 결과가 뒤바뀐 것입니다.

자신감이 없어서 몸을 움츠리는 것이 아니라, 몸을 움츠리니까(원인) 자신감이 안 생기는 것(결과)입니다.

그 증거로 등과 허리를 쭉 펴고 당당한 자세를 취해봅시다. 신기하게도 이후의 행동이 달라지는 것을 느낄 수 있을 거예요.

저는 카운슬러로서 이를 직접 체험하고자 '사티어 카테고리(Satir Categories)'에 기초한 워크숍에 참가한 적이 있습니다.

'사티어 카테고리'란 미국의 심리요법가인 버지니아 사티어(Virginia Satir)가 의사소통시 표정과 몸짓, 목소리 등의 비언어적인 메시지를 인물 유형에 따라서 나눈 분류입니다.

카테고리는 '복종하는 사람' '질책하는 사람' '기계적인 사람' '솔직한 사람' '주의를 딴데 돌리는 사람'의 총 다섯 가지로, 사티어는 각 유형 특유의 보디랭귀지와 목소리 톤이 있다고 봤습니다.

제가 참가한 워크숍에선 참가자를 2인 1조로 나누고 '복종하는 사람'과 '질책하는 사람'의 역할을 교대로 해보도록 했습니다.

'복종하는 사람'의 역할을 할 때는 손바닥을 아래로 향하고 손을 가지런히 모아 고개를 조아린 채 말합니다. "예, 예" 하며 넙죽 엎드리듯 순종적인 자세를 취하는 것입니다.

한편 '질책하는 사람'의 역할을 할 때는 등과 허리를 쭉펴고 고개를 치켜듭니다. 그리고 상대방을 손가락질하면서 말합니다. 위협하는 자세를 취하는 것입니다.

이렇게 두 가지 역할을 해봤더니 어떤 일이 벌어졌는가 하면….

먼저 '질책하는 사람' 역할이 되어, 몸을 굽힌 상대방을 내려다보고 손가락질하면서 말했더니 이내 상대방을 공격하고 싶은 충동에 휩싸였습니다. '나는 홍차를 좋아한다'고 말하면 될 것을 "내가 홍차 좋아하는데 넌 그것도 몰라? 그리고 준비는 왜 또 안 해놓은 거야?"라며 상대방을 비난하고 궁지로 몰아넣었습니다….

반면 '복종하는 사람' 역할이 되어서 웅크린 자세로 말하기 시작했더니 갑자기 비굴한 기분이 들었고 "제가 홍차를 좋아합니다. 죄송합니다. 저 같은 게 어울리지 않는 홍차를 좋아해서… 정말 죄송합니다"라며 연신 굽실거리며 사죄하는 분위기로 바뀌었습니다. '잘못했다. 나를 꾸짖어달라'는 태도를 취하게 된 것입니다.

저 자신은 변한 것이 하나도 없는데 어떤 자세를 취하느냐에 따라서 기분과 태도가 180도 달라졌습니다. 정말 놀라운 경험이었어요.

움츠린 자세로 고개를 수그리고 있으면 언행도 그와 동일하게 소극적으로 변하고 상대방의 공격성을 유발하고 맙니다.

그렇다면 어떻게 해야 할까요?

일단 몸의 자세부터 바꿔야 합니다.

워크숍에서 제가 취했던 '질책하는 사람'의 행동은 정도가 심하지만, 고개 숙이지 않고 등허리를 쭉 편 자세만큼은 좋으니 자세를 곧게 해야 합니다.

실제로 미국 하버드 대학교의 에이미 커디(Amy Cuddy) 사회심리학 박사 연구팀은 신체적으로 당당한 자세를 취하면 '테스토스테론(Testosterone)'이라는 호르몬이 증가한다는 사실을 알아냈습니다.

테스토스테론은 결단력, 적극성, 공격성을 높이는 호르몬입니다.

즉 자세를 곧게 펴는 것만으로도 기운이 강해지고 자신감이 생긴다는 의미입니다.

한껏 움츠리고 덜덜 떠는 자신에게 이별을 고하고 싶다면 지금 고개를 들고 몸을 쭉 펴세요!

🍀 등허리를 곧게 세우면 마음도 행동도 당당해진다.

이야기가 서툴러도
'마법의 말'로 OK

타인과 말하는 것이 서툰 사람 중에는 '내가 말을 재미없게 해서 따분하다고 생각하면 어쩌지…'란 생각에 우물쭈물하거나 입을 떼지 못하는 사람이 적지 않습니다.

그럴 때 쓰는 세 가지 마법의 말이 있습니다.

바로 '고마워요' '기뻐요' '도움이 되었어요'입니다.

이들 마법의 말의 공통점은 '감사의 마음'을 전한다는 것입니다. 누구나 다른 사람에게 감사 인사를 받으면 기분 좋게 느낍니다. 그런 말을 해주는 사람을 만나면 '즐거웠어. 또 대화하고 싶다'라는 생각이 듭니다.

고마워~

정말 감사 인사만으로 그런 효과가 있냐고요?

이러한 의문을 가지고 미국 텍사스 대학교 아미트 쿠마르(Amit Kumar) 교수와 시카고 대학교 니콜라스 에플리(Nicholas Epley) 교수는 감사 편지를 주고 받는 실험을 진행했습니다.

편지를 쓴 발신자들은 자신의 편지가 상대에게 그다지 행복을 주지 않을 거라 생각했습니다. 수신자가 3점 정도(5점 만점)의 행복감을 느낄 거라 예상했지요.

하지만 편지를 받은 수신자들은 편지를 받아 '황홀하

다'고 답하며 자신의 행복을 4점으로 표현했습니다. 게다가 편지는 5분 이내로 쓴 한 단락 정도의 문장에 불과했음에도 말이지요.

우리는 흔히 감사 표현이 불러오는 긍정적 효과를 '과소평가'하지만 그 효과는 늘 생각보다 크다는 것이 연구진의 분석입니다.

실은 저도 말주변이 없고 감정을 말로 표현하는 것이 서툰 편이었습니다. '기쁘다' '도와줘서 고맙다' 등의 말을 선뜻 하지 못했어요. 그렇지만 대학교에 강의를 나가게 되면서 의식적으로 교원들에게 "복사물을 가져다줘서 고마워요. 도움이 되었어요. 기쁘네요"라고 마법의 말을 쓰고자 노력했더니, 편하게 대화를 주고받을 수 있는 사람이 많아졌습니다. 새 일터에서 보내는 시간이 어색하거나 마음 불편하지 않게 되었지요.

감사 표현을 많이 하면 이렇듯 스스로에게도 도움이 됩니다. 영국 워릭 대학교 알렉스 우드(Alex Wood) 교수팀의 연구에 따르면, 감사를 자주 표할수록 스트레스를 덜 받고 우울증을 잘 떨치게 되며 타인으로부터 지지가 늘어나 사회생활에 긍정적 영향을 미친다고 합니다.

참고로 저에게 마법의 말을 알려준 심리학과 교수님도
아내에게 적극적으로 마법의 말을 쓴 후부터는 부부 관
계가 한층 화목해졌다고 해요.

> ✿ '고마워요' '기쁘네요' '도움이 되었어요'로 상대방
> 을 즐겁게 해주자.

어색한 자리의 공기가
달라지는 습관

어색한 사람과 이야기를 나눌 때 당신은 어떤가요? 대화가 자주 끊기고 말도 무척 가리게 되지 않나요?

이런 낌새를 상대방이 눈치채기까지 하면 서로 간의 태도도 어색해질 것입니다. 시간이 해결해주길 기다린다 해도 이러한 심리적인 장벽은 좀처럼 사라지지 않습니다.

만일 불편한 상태가 신경이 쓰인다면, 이미지 연상을 통해 나의 마음과 상대방의 마음을 연결시키는 방법을 써보세요.

우선, 자신과 상대방의 가슴팍에 각각 ♡(하트)가 있는 이미지를 떠올립니다.

그리고 자신의 ♡와 상대방의 ♡가 연결된 모습을 그려 봅니다.

어떤가요? 갑자기 상대방이 이전보다 가깝게 느껴지고 친근한 기분이 들지 않나요?

이 상태에서, 상대방의 하트에 대고 호소한다는 생각으로 이야기하면 신기하게도 장벽이 사라지고 당신의 마음속에서 친숙함과 살가움이 배어날 것입니다.

이 같은 효과는 하트 모양이 갖는 긍정적인 상징성에서 비롯됩니다. '모양'은 어떠한 설명 없이도 우리에게 의미를 전달하는 강력한 시각적 요소입니다. 예컨대 사람은 원을 보면 움직임과 조화를, 사각형을 보면 안정감과 질서를 느낀다고 알려져 있습니다.

하트는 사랑과 애정, 신뢰, 호의, 대인관계에서의 연결감과 친밀감을 떠올리게 하는 대표적인 모양입니다. 이를 보거나 머릿속에 그리는 것만으로도 긍정적인 감정을 유발할 수 있지요.

그 감정은 분명 상대방에게 고스란히 전달되고, 상대방도 서서히 편안함을 느낍니다.

그러고 나면 어느샌가 서로 즐겁게 대화를 나누는 모습을 발견하게 될 것입니다.

🍀 상대방의 하트와 나의 하트가 연결된 모습을 상상하자.

관점을 바꾸면 결국은
내 마음이 편해진다

어색한 사람과 대화하는 데 효과적인 방법이 한 가지 더 있습니다.

바로 상대방을 '십년지기 친구'라 생각하고 말하는 것입니다.

상대방이 오랫동안 봐온 친구라면 편하게 말할 수 있지요?

인간관계는 거울과도 같습니다. 당신이 편하면 그런 모습이 비쳐서 상대방도 편해집니다. 십년지기 친구를 만난 것처럼 대하고 말하면 상대방도 그와 비슷한 반응을 보이는 경우가 많습니다.

    그런데 만일 친구라는 상상 자체도 할 수 없을 만큼 불편한 상대라면, '리프레이밍(Reframing)'을 활용하는 것도 방법입니다.

    리프레이밍이란 '물구나무서기 방법'이라고도 불리며, 주변이나 사물을 물구나무서듯 다른 관점에서 바라보고 자신이 원하는 상태를 이끌어내는 방식입니다.

    그 예로, 유명한 승강설비 기업인 오티스 사(社)는 납품한 엘리베이터의 속도가 너무 느리다는 불만이 빗발치자, 고객사의 엘리베이터 안에 실제보다 날씬해 보이는 커다란 거울을 달았다고 하지요. 직원들은 자기를 비추어 보느라 바빠서 불만이 없어졌고요.

'물리적인 시간을 앞당길 수 없다면 심리적으로 느끼는 시간을 바꾸자'고 생각한 대표적인 리프레이밍 사례입니다. 우리도 상대방의 성품이나 특징을 바꿀 순 없지만 그 사람의 단점이라고만 봤던 부분을 시각을 달리해서 장점으로 바꾸어 볼 수 있습니다.

'집요하다.' → '끈기 있다.'
'완고하다.' → '취향이 강하다.'
'제멋대로다.' → '자기주장을 할 수 있다.'
'재촉한다.' → '반응이 빠르다.'
'느리다.' → '정중하다.'
'칠칠치 못하다.' → '털털하다.'
'우유부단하다.' → '생각이 깊다.'
'심약하고 배짱이 없다.' → '자신보다 주변을 소중히 여긴다.'

이렇게 상대방의 껄끄러운 부분에서 일부러라도 좋은 점을 찾아보세요.
'이 사람은 말투가 엄하지만, 그건 일에 신중한 자세로 임하고 있다는 증거이기도 하지.'

'대충 처리하는 면도 있지만 사소한 것에 집착하지 않는 호탕한 사람인 거겠지.'

이런 식으로 생각할 수 있게 됩니다. 상대방에 대한 불편함은 조금씩 사라지고 결국은 내 마음이 편해질 겁니다.

참고로 리프레이밍 방법을 알아두면 자신의 단점도 다른 시각에서 장점으로 바라볼 수 있기에 스스로 다그치거나 의기소침해지는 일을 점점 줄여나갈 수 있습니다. 자신을 무턱대고 저평가하는 버릇이 있다면 반드시 기억해두었으면 하는 습관입니다.

🍀 상대방을 '십년지기 친구'로 또는 '물구나무서기'로 바라보고 말을 건네보자.

불편한 분위기에서도
여유로운 사람의 비밀

늘 기분이 나빠 보이는 사람… 당신 주변에도 있지 않나요?

이런 사람이 가족 구성원이거나 직장 동료 혹은 상사라면 매우 곤란할 겁니다. 영향 받고 싶지 않아도 같은 공간에 있는 것만으로도 영향을 받을 수밖에 없기 때문입니다.

상대방의 짜증 섞인 분위기에 휩쓸려서 당신까지 불안하고 초조해지고 위축되는 것 같다면 반드시 다음에 소개하는 활동을 시도해보길 바랍니다.

① 나와 상대방 사이에 투명한 강화 유리가 놓여 있는 모습을 상상한다.

② '이 유리가 나를 보호해주고 있으니 괜찮다. 영향 받지 않는다'라고 마음속으로 외친다.

③ 완벽히 보호받고 있어서 여유로운 자신의 모습을 의식한다.

강력한 보호막이 중간에 있어서 상대방의 언짢은 기분은 당신에게 전달되지 않습니다.

안심하고, 평소와 다름없이 상대방에게 말을 걸어봅시다.

이때 상대방의 반응은 전혀 신경 쓰지 않아도 괜찮습니다. 신경을 쓰면 상대방은 '이 사람이라면 내 기분에 맞춰줄 것 같다'고 느끼고 한층 더 감정적인 태도를 드러내게 되기 때문입니다.

상대방의 부정적인 기분 같은 건 가볍게 넘기고, 평온한 당신 모습 그대로 행동하는 것이 정답입니다.

🍀 나와 기분 안 좋은 상대방 사이에 튼튼한 강화 유리가 놓여 있다고 생각하자.

매우 날카로워져 있는
사람의 속마음

기분이 안 좋은 상대방에게 휩쓸려 자신까지 위축되고 불안할 때 그렇게 되지 않는 방법이 하나 더 있습니다.

바로 '짜증 내는 사람' = '곤란한 상황에 빠진 사람'이라고 생각하는 것입니다.

실제로 날카로워져 있는 사람은 '왜 내 뜻대로 되지 않는 거야!' 하고 마음속으로 비명을 지르고 있는 상태입니다.

예를 들어 나름대로 애쓰고 있는데 실적이나 성적이 오르지 않는 상황에 빠졌을 수 있죠. 그의 상사나 가족은 그를 이해해주기는커녕 비난하고요.

그러니 언짢은 분위기를 풀풀 풍기는 사람이 있다면 '이 사람은 곤란한 상황이구나' '뭔가 문제를 안고 있구나' 하는 눈으로 바라봅시다.

그러면 '참 힘들어 보이네…' 하는 동정심이 생겨서 상대방이 두렵지 않습니다. 상대방이 아무리 성질을 부려도 당신은 여느 때와 같이 평범하게 대할 수 있습니다.

실제로 이런 태도는 짜증을 내고 있는 사람에게도 고마운 반응입니다.

대개 사람들은 이런 유형을 꺼리고 멀리하기에 자기편이 되어줄 사람이 거의 없는 경우가 많습니다. 그만큼 자신을 피하지 않는 사람이 귀해지죠.

화를 잘 내는 사람의 기분에 동요하지 않는 당신의 모습이 언젠가 그 사람을 구할 수 있을지도 모릅니다.

🍀 '짜증 내는 사람' = '곤란에 빠진 사람'이라고 생각하자.

거절이 도저히 어려울 땐
'if then 플래닝'

클리닉을 찾아온 한 여성 상담자는 'NO'라고 말하는 것을 가장 힘들어 했습니다.

꽃집을 운영하는데 지인이 무슨 부탁을 하면 아무리 바빠도 'NO'라고 거절하지 못하고 잠자는 시간까지 줄여가며 들어준다고 합니다.

그러는 탓에 휴일에 제대로 쉬지 못하고 심신이 모두 지친 힘겨운 상황에 이르게 되었습니다. 결국엔 우울 증상마저 나타나 클리닉을 찾아왔다고 말했습니다.

이 여성에게 필요한 처방은 당연히 'NO'라고 말하는 것입니다.

"거절하면 상대방에게 미움을 살지도 모르고 저를 무능하다고 생각할 것 같아요. 그래서 안 된다고 거절하지 못해요…."

주변을 둘러보면 이렇게 생각하는 사람들이 의외로 많습니다.

그런데 이는 오해입니다.

'NO'라고 거절해도 상대방은 당신을 미워하지도, 무능하다고 생각하지도 않습니다.

애당초 부탁하는 사람 입장에서는 '들어주면 좋겠는데 안 된다면 할 수 없지' 정도의 생각으로 말합니다. 그러니 당신이 거절해도 '그렇구나. 할 수 없지' 하고 말지 '좋다' '싫다'가 없습니다.

업무라면 조금 다를 수는 있겠지요. 상사나 동료가 "마감이 코앞인데 안 된다니 너무하는군!"이라며 화를 낼 수도 있습니다.

하지만 무리해서 일을 맡았다가 나중에 문제가 생기는

것이 더 큰 문제입니다. 그럴 바에는 처음부터 거절하거나 누군가에게 도움을 요청하는 편이 훨씬 더 '유능하다'는 소리를 들을 겁니다.

따라서 부탁을 들어줄 상황이 안 될 때는 'NO'라고 말하는 것이 배는 낫습니다.

그렇다면 어떻게 해야 'NO'라고 말할 수 있을까요?

제가 추천하는 방법은 사전에 시뮬레이션을 해보는 것입니다. 미리 시뮬레이션을 하면 그런 상황이 벌어졌을 때 거절하기 쉬워집니다.

그러기 위해서는 'if then 플래닝'을 활용하면 좋습니다.

'if then 플래닝'이란 목적 달성을 위한 방법으로 미국 컬럼비아 비즈니스 스쿨의 사회심리학자인 하이디 그랜트 할버슨(Heidi Grant Halvorson) 교수가 제창한 것입니다.

'if then'은 '만일 이렇게 된다면…'이라는 뜻이고 '만일 A의 사태가 벌어진다면 B를 한다'라고 사전에 정해두는 것이 'if then 플래닝'입니다.

예를 들어 '아침에 일어나서 날씨가 맑으면 조깅을 하러 나간다' '6시에 퇴근할 수 있다면 반드시 피트니스 센터에 간다' 등입니다.

그랜트 교수팀의 연구에 따르면 'if then 플래닝'으로 사전에 해야 할 일을 정해두는 것만으로도 그 일의 성공률이 2~3배나 높아졌다고 합니다.

그러니 'NO'라고 거절하지 못하는 사람은 'if then 플래닝'을 적극적으로 써서 '이럴 때는 NO라고 말한다'라고 사전에 정해둡시다. 성공 포인트는 구체적으로 '뭐라 말하며 거절할 것인가'까지 정하는 것입니다.

'일이 산더미라 너무 바쁠 때 상대방이 부탁을 해오면 [지금 내가 그 일을 맡으면 실수할 것 같아요]라고 말하고 거절한다.'

'상대방이 놀러 가자며 내키지 않는 초대를 해오면 [이번 달은 예산이 초과되어서 갈 여유가 없네요]라고 말하고 거절한다.'

이런 식으로 머릿속에 여러 번 시뮬레이션을 해두면 실제 상황이 벌어졌을 때 금세 거절할 수 있습니다.

단, 거절을 하면서는 "초대해줘서(나에게 부탁해줘서) 고마워요"라는 말 한마디를 꼭 붙이도록 합시다. 그러면 거절당하는 상대방도 불쾌하지 않고 당신도 거절했다는 미안함이나 어색함을 덜 수 있습니다.

🍀 뭐라고 말하고 거절할지 미리 정해두자.

나는 누구의 눈치를
살피고 있는가?

타인의 평가에 잘 휘둘리는 사람은 주변 사람이 자신을 어떻게 생각할지 너무 의식한 나머지 타인이 원하는 대로 행동하기 쉽습니다.

특히 예민하고 잔뜩 신경질이 난 사람을 보면 '혼날지도 몰라' '싫은 소리를 들을지도 몰라' 하는 공포심이 앞서 원하지 않는 일도 솔선해서 하는 경향이 있습니다.

그러지 않기 위해 필요한 것은, 타인의 기분과 눈치가 아니라 자신의 기분과 눈치를 살피는 일입니다.

자신이 눈앞에 있는 사람의 태도에 따라 동요한다 싶으면, 그 사람의 날카로운 신경이나 짜증에 주의를 집중할 것이 아니라 자기 자신에게로 의식을 돌려야 합니다. 그리고 일부러 더 자기 자신이 즐거울 수 있는 일을 해야 합니다.

예를 들면 자신을 위해서 향이 좋은 차를 끓이거나 좋아하는 과자를 먹거나 좋아하는 배우의 동영상을 보는 일도 매우 좋습니다.

이렇게 자신의 기분을 띄우고 즐겁게 유지하면 '기분 일치의 효과(Mood congruence effect)'로 상대방이 예민하든 안절부절못하든 그다지 신경이 쓰이지 않습니다. 기분 일치 효과란 자신의 기분과 비슷한 것에 주목하는 심리 현상을 말합니다. 즉 즐거울 때는 긍정적인 것이 눈에 더 잘 들어오고 슬플 때는 부정적인 것이 눈에 더 잘 들어오는 현상입니다.

그래서 즐거운 기분을 유지하면 타인의 날카로운 모습이 신경 쓰이지 않고 자신의 기분을 솔직하게 드러낼 수 있지요.

참고로, 자신의 기분을 표현할 때는 상대방에게 '기대'

를 거는 것도 좋습니다.

왜냐하면 인간에게는 기대하거나 기대받은 대로 결과를 내고 자 하는 '피그말리온 효과(Pygmalion effect)'라는 심리 경향이 있기 때문입니다.

미국 샌프란시스코의 초등학교를 대상으로 진행된 한 실험에서, 연구진은 학생들의 지능검사를 실시한 후 20명을 무작위로 뽑았습니다. 그리고 "성적이나 지능이 크게 향상될 아이들 목록"이라며 선생님에게 명단을 건넸습니다. 그랬더니 8개월 후 같은 검사에서 그 말이 실제가 되는 일이 벌어졌습니다.

애초에 아무 기준 없이 뽑힌 학생들인데도 선생님이 비범한 지능을 가진 아동이라 믿고 기대하며 수업을 진행해나간 결과입니다.

마찬가지로 당신도 다른 사람에게서 "정말 친절하시네요"라는 말을 듣고 나서 행동하는 데 조금 더 신경이 쓰였던 적이 있지 않나요? 누군가에게 기대를 받으면 그에 부응하고 싶어지는 법, 인간에게는 그런 경향이 있습니다.

따라서 예민하고 신경질 난 사람을 본다면 '이 사람은

원래 상냥한 사람이다' '평소에는 밝고 배려심 있는 사람
이다'라고 긍정적인 기대를 걸어봅시다.

당신의 기분이 좋고 즐거운 상태라면 이는 매우 간단
하고 쉬울 겁니다.

당신의 기분 그리고 기대, 이 두 가지에 따라 상대방의
반응도 달라집니다. 남의 기분을 살피기보다 자신의 기
분을 살피는 것이 모두가 행복해지는 길인 거지요.

🍀 타인의 눈치가 아니라 자신의 기분을 살피자.

'혹시 내가 상처를 줬나…'
싶어 불안할 때

우리는 다른 사람이 아무 생각 없이 내뱉은 말에 상처받기도 하고 반대로 자신이 한 말로 다른 사람에게 상처를 주기도 합니다.

이럴 때는 '기도'의 힘을 빌려봅시다.

당신이 상처 줬을지도 모를 상대방의 수호신에게 기도를 올리는 것입니다.

수호신이 어색하다면 우주나 달님, 별님을 보고 기도해도 좋습니다. 상대방을 지키는 초자연적인 존재에게 '방금 제가 한 말이 그 사람에게 상처가 된 것 같아요.

잘못했습니다. 죄송합니다. 부디 그 사람의 다친 마음을 치유해주세요!'라고 기도를 올립시다.

이렇게 상대방의 행복을 위해서 계속 기도하면 죄책감으로 인한 불안이 조금씩 누그러집니다.

죄송합니다~

이는 순전히 저의 개인적인 생각이지만, 사람과 사람은 눈에 보이지 않는 곳에서 분명 연결되어 있다고 믿습니다. 그래서 '남에게 상처를 줬다'는 고민으로 클리닉을 찾는 분에게 "상대방의 현재의식이 잠들어 있는 밤에 거듭해서 기도해보세요. 분명히 그 사람의 무의식에 기도가 전해질 겁니다"라고 조언합니다.

어떤 상담자는 실제로 몇 주 동안 열심히 기도했더니 그동안 연락해도 아무 대답도 없었던 상대방으로부터 오랜만에 연락이 왔다고 했습니다.

또 2001년 〈생식의학〉지에 발표된 연구와 심장질환 전문의 랜돌프 버드(Randolph Byrd) 박사에 따르면 다른 사람의 기도가 환자의 불임 치료와 심장병 치료에 도움이 되었다고 하네요.

눈에 보이지 않는 위대한 힘이 도와준 덕분인지 우연인지는 알 수 없으나, 해본들 손해는 아니겠지요. 부디 시도해보길 바랍니다.

🍀 상처를 준 이의 수호신에게 그 사람의 행복을 빌자.

어떤 자리에서도
자연스러운 나로 있는다

새로운 곳을 찾아갈 땐 누구나 긴장합니다.

그뿐일까요. '처음 만나는 사람에게 호감을 사고 싶다' 라는 마음까지 더해지면, 의도치 않게 자신을 과대포장하기도 하고 반대로 하고 싶은 말도 못 한 채 위축되기도 합니다.

'점점 어색해지잖아…' 하고 불안해지는 당신이 반드시 해봤으면 하는 활동이 있습니다. 바로 '그라운딩(Grounding)'입니다.

그라운딩이란 명상법의 하나로, 땅에 단단히 발 딛고

살아가는 상태를 목적으로 삼습니다. 이와 동시에 우주, 나 자신, 지구의 에너지가 하나로 연결된 모습도 목적합니다. 그라운딩을 실천하면 자신을 쑤욱 꿰뚫고 지나가는 축이 하나 생깁니다.

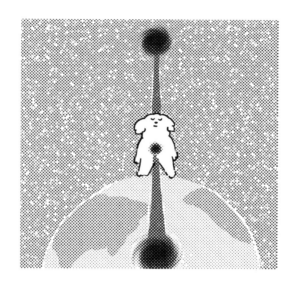

이 축이 당신을 땅에 단단하게 고정해주므로 주변 반응에 흔들리지 않고 본연의 솔직한 모습으로 행동할 수 있습니다. 긴장 풀고 편하게, 억지를 쓰거나 무리하지 않고도 꾸밈없이 상대방과 소통할 수 있게 됩니다.

▸ 그라운딩 명상법 ◂

① 눈을 감고, 심호흡을 천천히 세 번 한다.

② 배꼽에서 손가락 네 마디 정도 아래에 있는 단전에 에너지 볼이 있다고 생각한다.

③ 그 볼이 천천히 아래로 굴러가, 지구 중심의 마그마 에너지와 연결되는 모습을 생각한다.

④ 지구 중심에서 볼이 다시 위로 올라와 단전을 통과하고 나의 머리 위를 뚫고 지나 우주 에너지와 연결되는 모습을 생각한다.

⑤ 볼이 아래로 굴러 단전으로 되돌아온 모습을 생각한다.

⑥ 심호흡을 천천히 세 번 하고, 눈을 뜬다.

그라운딩을 매일 아침 실천하면, 누군갈 처음 만날 때 뻣뻣했거나 소심했던 태도가 점차 사라져서 잘 맞는 친구가 많이 생기게 됩니다.

또한 더 이상 주변에 휘둘리지 않기에 공부할 때 집중력도 향상되고 프레젠테이션도 당당하게 임할 수 있습니다.

우주, 그리고 지구 중심과 연결된 더 없이 단단한 축이 당신을 지탱하고 있습니다.

그 축의 존재를 의식하면 어디서든 꾸밈없는 자신의 모습으로 행동할 수 있습니다.

있는 그대로의 당신이어야 편안한 인간관계가 생깁니다. 그것이 당신의 실력을 유감없이 발휘할 수 있는 가장 빠른 지름길이고요.

🍀 그라운딩 명상으로 흔들리지 않는 축을 만들자.

공개적인 자기소개도
거뜬해지는 요령

살다 보면 낯선 장소에서 처음 보는 사람들에게 자기소
개를 해야 할 때가 있습니다. 하지만 "긴장돼서 너무 싫
어요…"라고 말하는 사람이 적지 않지요.

이럴 때는 '온몸이 빛나는 자신'의 모습을 머릿속에 그려보세요.

당신의 전신으로부터 눈부신 빛이 뿜어져 나오고 있습
니다. 그 빛에 사람들은 숨을 죽이고 당신에게서 눈을 떼
지 못합니다. 이윽고 당신의 내면에서 더욱더 밝은 빛이
뿜어져 나오고….

　머릿속에 이런 이미지를 떠올리면 저절로 얼굴에 미소
가 번집니다. 실제로 해보면 알겠지만 우울한 기분에 밝
은 빛이 비치고 부정적인 것이 말끔히 걷히면서 몸과 마
음이 정화되는 기분이 들 겁니다.

　어느덧 작게나마 자신감도 생기고 사람들 앞에 서는
것도 두렵지 않은 자신의 모습을 보게 될 거고요.

　어째서 이런 일이 일어나는 걸까요?

　사실 인간의 뇌는 '실제(현실)'와 '이미지(상상)'를 구별할 수 없습니다.

그 증거로 현실에서 먹고 있지 않은데 달콤한 곶감을 연상하는 것만으로도 입안에 군침이 도는 것을 들 수 있습니다. 이는 뇌가 연상만으로도 실제로 곶감을 먹고 있는 것과 동일한 자극을 받아서 몸에 '침을 생성하라'고 명령하기 때문입니다.

영국 신경과학 분야의 권위자 마이클 모슬리(Michael Mosley) 박사 연구팀은 사람들에게 매일 15분간 다리로 운동기구를 밀어내는 이미지를 상상하게 했고, 그 결과 근력이 평균 8퍼센트, 최대 33퍼센트까지 개선되었다고 합니다. 실제로는 전혀 운동을 하지 않은 채로요!

즉 뇌에서는 머릿속의 이미지와 현실이 같습니다.

그래서 이미지 트레이닝이 효과 있는 것이지요.

🍀 눈부신 빛을 뿜는 나의 모습을 떠올리자.

제3장

'갑자기 닥친 패닉'이
단숨에 진정되는 습관

궁지에 몰려서 온몸이 경직된다….
어찌할 바를 모르겠다….
이럴 때
순식간에 안정을 되찾을 수 있는
다양한 습관을 소개하겠습니다.

공적인 자리에서 감정을
드러내기 싫다면

생각지 못했던 일로 상대방이 벌컥 화를 내면 누구라도 불안하고 당황스럽습니다. "대체 뭐 하는 짓이야?" "어쩔 거야!"라며 분노에 찬 추궁을 당하면 머릿속이 새하얘지고 온몸이 떨리고 어느새 눈물이 뚝뚝 흐르기도 하지요….

이럴 때는, 노발대발하는 상대방에게 들키지 않게 거울을 슬쩍 보세요. 그러면,

'아, 나 얼굴이 새빨개졌네'

'큰일이다. 눈물이 고였어. 울 것 같단 걸 들키겠어'

등과 같은 생각으로 퍼뜩 제 3자의 시점에서 자기 자신을 바라볼 수 있습니다. 그리고 냉정한 모습을 재빨리 되찾게 됩니다.

거울이 미치는 이 같은 영향에 관한 재밌는 실험이 있습니다. 미국의 심리학자 아서 비먼(Arthur Beaman)은 할로윈 축제 때 집집마다 사탕을 받으러 돌아다니는 363명의 어린이들을 대상으로, 바구니에서 꼭 한 개의 사탕만 집어가도록 지시했습니다. 그리고 바구니 옆에 거울을 놓은 경우와 놓지 않은 경우, 두 집단으로 나누어 몰래 관찰했습니다.

결과는 놀라웠습니다. 사탕을 약속보다 많이 가져간 아이의 비율은, 거울이 없을 때 28.5퍼센트였던 반면 거울이 있을 때는 14.4퍼센트에 지나지 않았기 때문입니다. 거울은 마치 누군가가 지켜보듯 스스로의 모습을 점검하게 만든다는 사실이 밝혀진 것입니다.

또 사람은 거울에 비친 자신을 볼 때 거기서 이상적인 모습을 보고 싶어하는 심리가 있습니다. 그래서 무의식적으로 가장 매력적인 표정을 지으려고 합니다. 거울을 보면 저절로 표정도 나아지고 그에 따라 기분까지 슬쩍 좋아집니다.

이러한 이유로 고객 불만이 쇄도하는 콜 센터에서는 상담원이 자신의 얼굴을 볼 수 있도록 자리마다 거울을 설치한 곳도 있다고 합니다. 갑작스러운 상황에서 표정도 마음도 좋게 가다듬기 위해서요.

회사 같은 공간에서 감정을 노출하고 싶지 않은데도 곧잘 당황하고 어쩔 줄 모르겠는 분이라면, 책상 서랍에 거울을 넣어두고 언제든 자신의 얼굴과 표정을 볼 수 있도록 합시다.

응, 좋아!

🍀 거울을 보고 자신의 표정을 확인하자.

듣기 힘든 잔소리는
'디즈니'로 상쇄한다

상대방이 화를 내는 것도 싫은데 잔소리까지 퍼붓는다면 벼랑 끝으로 내몰린 기분에 지치고 힘들 것입니다.

'더 듣고 있다가는 정신이 어떻게 될 것 같아….'

이럴 때는 머릿속으로 잔소리하는 사람의 목소리에 미키 마우스의 목소리를 덧입혀 보세요.

초대 미키 마우스의 목소리를 더빙한 사람은, 바로 미키 마우스를 탄생시킨 월트 디즈니(Walt Disney) 본인이었습니다. 이는 꽤 유명한 실화인데 그가 독특한 가성으로 목소리를 연기했기 때문에 지금의 미키 마우스도 살짝 특이하게 느껴지는 높은 톤과 말투를 구사하고 있습니다.

만일 이런저런 잔소리를 쏟아내는 상대방이 미키 특유의 새된 목소리로 말하고 있다면….

아마도 그저 웃겨서 듣고 있는 게 힘들지 않을 것입니다.

사실 이는 배의 닻을 뜻하는 '앵커링(Anchoring)' 기법의 하나인데, 어떤 신호를 사용해 의도적으로 긍정적 감정을 불러오는 심리 치료법입니다. 나쁜 경험이나 기억 사이사이에 '미키 마우스 목소리' 같은 유쾌한 신호(여기서는 청각 요소)를 끼워 넣는 것만으로 부정적 감정을 완화시켜 별 것 아니게 인식하게 됩니다.

아 참, 그렇다고 키득키득 웃으면 상대를 자극해서 더 큰 화를 부를 수 있으니 주의하시고요!

✿ 상대방의 목소리에 미키마우스의 발랄한 목소리를 덧입히자.

알아두면 유용한
간편 혈 지압

앞에서 소개한 방법을 써봤지만 상대방이 화를 내거나 위협적이어서 생긴 불안이 좀처럼 가라앉지 않는다면, '신문(神門)'이라는 혈자리를 기억해둡시다. 가슴이 두근거리거나 불안할 때 이를 진정시켜주는 혈자리입니다.

신문은 귀의 상부에 있는 경혈 자리로 자율 신경과 연결되어 있습니다.

자율 신경이란 자극에 반응해서 자신의 의사와 상관없이 몸의 기능을 통제하는 신경을 가리킵니다. 스트레스를 받거나 긴장된 상태가 지속되면 자율 신경이 망가져 사소한 것에도 흥분하거나 공황 상태에 빠지기 쉽습니다. **그런데 신문을 자극하면, 망가진 자율 신경을 중립 상태로 되돌릴 수 있어서 공황 증상이 어느 정도 완화됩니다.**

두근거림이 잘 멈추지 않을 때는 엄지와 검지로 신문 자리를 잡아서 사선 위쪽 방향으로 당겼다가 놓으세요. 이를 세 번 반복합니다. 잡아당길 때는 시원하게 느껴질 만큼만 힘을 주고 적당히 늘려주세요.

평소에 이 주변의 근육을 잘 풀어놓으면 공황 상태에 잘 빠지지 않게 됩니다.

🍀 귀의 '신문'이라는 혈자리를 자극하자.

가슴이 두근거릴 때는 세수를

귀의 혈자리를 자극하는 것보다 즉각적인 효과가 필요할 때는, 재빨리 세면대로 달려가서 얼굴을 씻어보세요. 이것만으로도 두근거리는 증상이 자연스럽게 가라앉습니다.

이것은 포유류가 가진 '잠수 반응(Diving reflex)' 덕분입니다.

잠수 반응이란 숨을 멈췄을 때 심장 박동수가 떨어지는 현상을 말합니다.

물속에서 호흡할 수 없는 포유류는 잠수할 때 반사적으로 입을 다물고 숨을 멈추게 됩니다. 숨을 멈추면 산소

공급이 중단되어서, 전신에 산소를 운반하는 혈액의 흐름이 느려집니다. 혈액을 전신으로 보내는 펌프 역할을 하는 심장의 움직임이 느려졌기 때문입니다. 즉, 심장이 두근거리는 속도가 느려진 것입니다.

이런 잠수 반응은 얼굴에 물을 묻히는 것만으로도 나타납니다. 얼굴에 물을 끼얹으면 무의식중에 숨을 멈추게 되고, 이에 따라 맥박이 느려지고 심장의 두근거림이 가라앉게 됩니다.

얼굴에 물을 여러 번 끼얹는 동안 흥분이 가라앉고 여기에 더불어 '후' 하고 숨을 내뱉으면 전신의 긴장이 풀릴 겁니다.

또한 몸에서 불필요한 힘이 빠지면 '그래, 일단 ○○씨에게 조언을 구해보자!'라는 건설적인 생각도 잘 떠오른답니다.

🍀 물로 세수를 하자.

미 해군이 쓰는 언제든
차분해지는 습관

한 가지 더, 호흡을 통제해서 두근거림을 가라앉히는 방법이 있습니다.

제가 추천하는 건 '4점 호흡법'입니다.

다음과 같은 순서로 천천히 숨을 깊게 쉬어보세요.

① 주변을 둘러보고 사각형의 물건을 찾는다(모니터, 텔레비전, 휴지 케이스, 핸드폰 등 무엇이든). 왼쪽 위의 모서리를 바라보면서 4초 동안 숨을 들이마신다.
② 시선을 오른쪽 위의 모서리로 옮기고 4초 동안 숨

을 멈춘다.

③ 시선을 오른쪽 아래 모서리로 옮기고 4초 동안 숨을 내뱉는다.

④ 시선을 왼쪽 아래 모서리로 옮기고 마음속으로 '릴랙스, 릴랙스, 스마일'이라고 중얼거린다.

⑤ ①~④를 여러 번 반복한다.

이 방법은 '박스 호흡법'이라고도 불리는데 미 해군 특수 부대인 '네이비 실'의 훈련 항목에 포함되어 있습니다. 군인들은 극한의 상황 속에서 중압감과 스트레스에 노출될 때도 이 호흡법을 실행함으로써 냉정함을 유지할 수 있다고 합니다.

저의 클리닉에서도 4점 호흡법을 몸에 익힌 상담자들은 '내겐 이 방법이 있으니까 괜찮아!'라는 안도감을 가질 정도였고, 실제로 공황 상태에 빠지는 횟수가 급격하게 줄었다고 말합니다.

평소에 연습해두면 만일의 경우에 안심이 될 것입니다.

🍀 주변의 사각형을 찾아 4점 호흡법을 해보자.

PT, 면접… 극도의 압박감을 진정시킨다

우리는 프레젠테이션이나 면접을 앞두었을 때와 같이 극도로 긴장되는 상황을 마주치곤 합니다. 하지만 간단한 행동으로 그 불안을 가라앉힐 수 있죠.

바로 '일정한 리듬에 맞추어 가슴을 두드리기'입니다.

가슴을 두드릴 때는 손바닥이나 손가락 끝으로 '통… 통… 통…' 하고 심장의 고동 소리보다 느린 속도로 두드립니다.

이렇게 하면 '끌림 현상(Entrainment phenomenon)'으로 두드리는 속도에 심장이 이끌려서 고동 속도가 서서히 느려집니다. 끌림 현상이란 여러 개의 리듬이 동시에 느껴졌을 때 더 안정된 리듬에 끌려 거기에 동조하려는, 우리 신체에 내재된 생리 현상입니다.

이 현상을 이용해, 외부에서 느린 리듬을 심장에 전달하면 저절로 심장의 고동이 서서히 느려지면서 진정됩니다. **가슴을 두드리는 속도는 2초에 한 번 정도가 적당하다고 알려져 있습니다.**

사람들 앞에서도 티 나지 않게 조용히 할 수 있으니 기억해두면 편리합니다.

🍀 '통, 통, 통' 하고 일정한 리듬으로 가슴을 두드린다.

기다림이 긴장될 땐
어떻게 해야 할까?

발표를 앞둔 기다림의 시간에는 긴장이 더 고조되기 마련입니다. 이때 긴장을 완화하기 위해 '자신의 상태를 언어화' 해봅시다.

"가슴이 떨리고 손에서는 땀이 나고 있습니다. 목도 바짝바짝 말라서 물을 여러 번 마시고 있네요."

아나운서가 되었다 생각하고 자신의 상태를 실황 중계하는 것입니다. 먼발치에서 관찰하는 것처럼 말이죠.

이렇게 하면 신기하게도 두근거리고 떨리기만 했던 긴장감이 서서히 가라앉습니다. 왜냐하면 자신을 관찰할 때, 우리의 의식은 자동으로 자신의 외부를 향하기 때문입니다.

무슨 뜻인가 하면, 가령 자신이 머무는 빌딩에서 화재가 났다고 합시다. 당황해서 어찌해야 할 바를 모르고 발만 동동 구르기 십상입니다.

그런데 빌딩 밖으로 나와 조금 떨어진 곳에서 화재 상황을 지켜본다고 하면 어떤가요? '어머, 저 빌딩에 불이 났네. 큰일이다'라며 남의 일처럼 냉정하게 바라보게 됩니다.

즉 조금 떨어진 곳에서 관찰하는 것만으로도 우리 내면의 긴장이나 불안, 초조함 등을 어느 정도 '남의 일'처럼 바라볼 수 있습니다. 게다가 안에 있을 때는 보이지 않던 것들도 밖으로 나오면 눈에 들어옵니다. '어, 저기 비상구가 있었네!' 하는 식으로 대책을 보다 쉽게 찾을 수 있지요.

극도의 긴장으로 어쩔 줄 모르겠는 상황에서 이 방법을 꼭 한번 시도해보세요.

🍀 자신의 상태를 실시간 중계하자.

꼬리를 무는 생각은
간단한 행동으로 멈춘다

'왜 그때 그런 말을 한 거지? 다르게 말했으면 좋았을 텐데…. 나는 왜 이리도 눈치가 없을까…. 그러고 보니 예전에도 그 사람에게 마음에 걸리는 말을 했던 것 같은데….'

이렇게 자신이 내뱉은 말이나 저지른 행동을 후회하며 전전긍긍하는 경우가 있나요?

또 어떤 부끄러운 실수를 계기로 부정적인 생각이 꼬리에 꼬리를 물면서 빙빙 맴돌 때는요?

이러한 '꼬리에 꼬리를 물고 끊임없이 맴도는 생각'을 심리학에서는 '반추 사고(Rumination)'라고 합니다.

반추란 소나 양 등의 초식동물이 한번 삼킨 음식물을 위에서 다시 입으로 토해내 재차 씹고 넘기는 것을 말합니다. 되새김질, 즉 같은 것을 여러 번 반복해서 맛보는 일이지요.

이러한 반추 사고를 방치하면 마치 끝을 알 수 없는 깊은 늪에 빠져버린 것처럼 부정적인 심리 상태에서 벗어날 수 없게 됩니다. 그 탓에 매사가 비관적으로 보이고 우울해지기 쉽습니다.

사실 반추 사고는 일단 시작되면 좀처럼 멈출 수 없는 게 맞습니다. 하지만 의외로 간단한 대처법이 존재합니다. **자신이 어느새 반추 사고를 하고 있다 싶으면, '짝!' 하고 큰 소리가 날 정도로 손뼉을 친 뒤 "멈춰!"라고 외치는 것입니다. 이 행동만으로 OK입니다.**

큰 소리에 새삼 정신이 들면 반추 사고가 중단되고 불안의 연속 재생이 멈춥니다.

저도 어떤 일이 걱정되어 생각의 늪에 깊이 빠질 때면 꼭 이 기술을 씁니다. 마치 불단 앞에서 손을 모을 때와 같이 주변 공기가 깨끗하게 정화되는 느낌을 받습니다.

그러고 나면 기분이 한층 산뜻해지고 좋아지니 신기할
따름입니다.

이렇게 반추 사고를 멈췄다면 타이밍을 놓치지 말고
맑아진 의식을 눈앞의 해야 할 일로 집중시킵시다. 그리
고 착실하게 작업을 시작합시다.

손과 발을 착착 움직이면 뇌에 걸린 과부하가 손과 발
로 이동해서 서서히 머리가 맑아지고 답답했던 마음도
풀리거든요.

참고로 '생각하지 말자'는 역효과만 낳으니 주의하세요. 뭔가를 생각하지 않으려고 하면 할수록 오히려 그 생각이 떠나지 않는 법입니다.

미국 하버드 대학교의 심리학자 다니엘 웨그너(Daniel Wegner)는 '흰곰에 대해 생각하라'고 지시한 그룹과 '흰곰에 대해 생각하지 말라'고 지시한 그룹을 나누고 만약 흰곰이 생각 나면 종을 치게 했습니다. 결과는 어땠을까요?

오히려 '생각하지 말라'고 한 그룹에서 '댕댕댕댕!' 종소리가 더 많이 울렸습니다. 이를 '사고 억제의 역설적 효과(Ironic process theory)'라고 부릅니다.

그렇기에 어떤 생각으로 힘들 때는 '생각하지 말자'가 아니라 '다른 일을 해서 의식을 딴 데로 옮긴다'가 정답입니다.

🍀 '짝!' 하고 손뼉을 치고 "멈춰!"라고 외치자.

'다섯 글자'로 곱씹기의
늪에서 빠져나오자

일단 반추 사고가 시작되면 머릿속이 불안으로 가득 차서 아무것도 못 하는 사람이 적지 않습니다. **이럴 때 반추 사고에서 관심을 돌려 할 일에 집중하게 만드는 마법의 단어를 알려드리겠습니다.**

바로 '그건 그거고'라는 말입니다.

가령 방금 전의 실수가 신경 쓰여 반추 사고가 시작되었고 눈앞의 처리해야 할 일에 집중할 수 없다고 합시다.

'다들 화가 났겠지. 지난주에도 실수했는데…. 그러고 보니 옆 부서 사람의 눈빛도 차가웠어. 나를 미워하는 거면 어쩌지? 아, 정말 미치겠다!'라는 생각이 들 때, '…그래도 …그건 그거고 …지금은 일만 하자'라고 마음속으로 말을 덧붙입니다.

그러면 곧바로 불안한 '감정'에서 지금은 일을 해야 한다는 '목적'으로 의식이 옮겨갑니다. **'그건 그거고'라는 말로 불안을 일시적으로 보류하는 것입니다.**

사람은 한 번에 한 가지밖에 생각할 수 없기에, 일이라는 '목적'에 집중하는 동안만은 적어도 불안에 신경을 빼앗기지 않습니다. 그 사이에 마음은 서서히 진정되어서 냉정하게 볼 수 있는 관점도 다시 작동하게 되지요.

으샷

🍀 '그건 그거고!'로 감정보다 목적에 초점을 맞추자.

갈팡질팡, 우유부단…
왜 결정하는 게 어려울까?

불안도가 높은 분들은 자신의 선택에 자신감이 없고 어느 쪽을 택해야 할지 판단하기 어려워하는 경우가 많습니다. '이것부터 손대야 할까, 아니면 저것부터 해야 할까…. 뭘 우선해야 하는 거지…' '내가 하는 선택이 잘못된 거면 어떡해…' 등의 걱정으로 망설이게 되지요.

이렇듯 결정이 어렵다면 그 선택을 했을 때의 '이점(Merit)'과 '결점(Demerit)' 목록을 적어보세요.

그러면 놀랄 만큼 간단히 어느 쪽을 선택해야 할지가 한 눈에 보입니다.

너무 단순한 작업이라 많은 분들이 의외로 실행에 옮기지 않더군요. 하지만 막상 목록을 써보면 어렵기만 했던 결정이 흥미롭게도 쉽사리 이루어질 겁니다.

미국 미시건 대학교의 윈스턴 시에크(Winston Sieck)와 프랭크 예이츠(Frank Yates) 심리학 교수도 '쓰기'라는 방법이 선택을 잘 못하는 이들을 돕는다고 말합니다.

연구진은 실험 참가자들에게 결정하기 까다로운 문제를 제시한 뒤, 한 그룹은 '선택지의 장단점' '내가 정말 두려워하는 점' 등을 포함한 메모를 작성하게 하고, 다른 그룹은 메모를 적지 않고 머릿속으로만 생각해서 결정하게 했습니다. 그 결과 메모를 쓴 그룹은 자신을 위한 가장 좋은 선택을 했다는 확신을 보였다고 합니다.

결정하는 과정을 글로 써보면 의사결정에 자신감이 생기고 합리적인 방향으로 나아갈 확률이 높아집니다.

이직을 할지 아니면 다니고 있는 회사에 머무를지부터 친구를 한 명 초대하고 싶은데 A에게 말을 걸 것인지 아니면 B에게 말을 걸 것인지까지, 우리는 살면서 크고 작은 선택을 수없이 마주합니다. 선택하는 게 불안하고 망설여질 때 각 선택지의 이점과 결점이 '글자로 눈에 보이도록' 목록화 해봅시다. 어느 쪽이 내가 원하는 결과를 도출하기 쉬울지 일목요연해지면서 고민하는 시간이 확 줄어들 겁니다.

🍀 그 선택의 이점과 결점을 목록으로 써보자.

돌아서서 후회하지 않을
행동을 택하는 법

시간도 없는데 갑자기 결정을 내려야 하면 초조해서 머릿속이 새하얘집니다.

이런 상황에서도 자신이 선택해야 할 길 또는 취해야 할 행동을 망설임 없이 결정할 수 있는 방법이 있습니다.

'내가 존경하는 그 사람이라면 이럴 때 어떻게 할까?'라고 생각해보는 것입니다.

그러면 '그 사람은 이럴 때 과감하게 A안을 택했을 거야' '그 사람이라면 이 자리에서 바로 결정하지 않고 조금 여유를 두었을 거야' '그 사람이라면 웃으며 넘어가지 않고 상대의 무례함을 지적할 거야' 등 구체적인 대처 방안이 머릿속에 저절로 떠오릅니다. 게다가 그것은 당신이 동경하고 존경하는 사람의 대답이자 당신이 바라는 이상적인 대답이기도 합니다.

제 경우에는 어떻게 처신해야 할지 정하기 어려울 때 긍정심리학의 대가인 독일인 스승님을 떠올립니다. 이분은 일에는 엄격했지만 평소에는 애정 넘치는 자상한 스승이셨습니다.

이분의 관점을 빌려서 생각하면 '어떻게든 될 테니 걱정하지 마. 괜찮아. 그런데 앞으로는 이렇게 하는 편이 좋을 것 같아'라는 격려와 위로, 구체적인 조언의 소리가 귓전에 들리는 것 같아 큰 도움이 됩니다.

만일 존경하는 사람이 없다면 좋아하는 유명인 또는 천사 같은 초월적 존재의 관점을 빌려도 좋아요.

여하간에 자신과는 다른 관점에서 상황을 바라보는 순간, 사람은 생각하는 폭이 단숨에 넓어지기 때문입니다. 의외로 간단하게 해결책을 발견하거나 문제를 문제로 여기지 않게 되기도 합니다.

🍀 존경하는 사람의 관점을 빌리자.

중요한 선택을 하기 전에
반드시 물을 것

진로나 거취, 누구와 교제할 것인가 등 인생을 좌우하는 선택을 앞둔 길목에선 너무 깊이 생각한 나머지 불안해지기 쉽습니다. 후회나 실패의 위험부담을 크게 느끼기 때문에 어떤 길을 택해야 할지 갈피를 못 잡게 되지요.

이런 경우에는 앞에서 언급했던, 이상적으로 여기는 타인의 관점을 빌려보는 것도 한 가지 방법이기는 하나 그이상으로 당신이 바라는 미래를 마음 편하게 선택할 수 있는 방법이 있습니다.

'10년 후의 행복한 자신에게 물어보기'라는 활동입니다.

저는 이 방법을 카운슬링에서 자주 사용하는데, 체험한 분들의 대다수가 "앞으로 가야 할 방향이 명확해져서 더 이상 주저하지 않게 됐어요!"라는 후기를 상담이 끝날 때 즈음 환하게 웃으며 전해줍니다.

가능한 한 사람이 없는 조용한 곳에서 다음의 순서에 따라서 해보길 바랍니다.

① 10년 후의 이상적인 나의 모습을 떠올린다. 활기차고 즐겁게 지내는 10년 후의 나는 어떤 느낌인가? 어떤 집에서 살고 있는가? 가족은? 배우자는? 직업은? 동료는? 취미는? 상상하고 싶은 대로 마음껏 상상한다.

② 이상적인 환경에서 지내는 행복한 미래의 자신 속으로 들어가서 다양한 것을 느껴본다. 가족과 함께 시간을 보낼 때나 직장에 있을 때 어떤 기분인가? 주변 공간은 어떤가? 넓은가? 밝은가? 가족, 파트너, 동료는 어떤 옷을 입고 있고 무엇을 하며 웃고 있는가? 당신과 어떤 대화를 나누는가? 그들과 함께 식사로 어떤 음식을 먹는가? 음식의 맛은?

냄새는? 온도는? 어떤 장소에 가서 무엇을 즐기는
가? 오감(시각, 청각, 후각, 미각, 촉각)을 총동원해서
이미지를 떠올린다.

③ 행복하게 잘 지내는 10년 후의 내가 불안으로 망설
   이는 현재의 나에게 조언을 건넨다고 생각한다. "힘
   들지? 근데 그건 이렇게 하면 괜찮을 거야. 그런 부
   분을 극복하면 이렇게 행복하고 즐거운 미래로 올
   수 있어!"라고 말이다.

기분이 어떤가요? 아까보다 사뭇 마음이 가벼워지지
않았나요?

**이 활동의 장점은, 자신이 이상적이라고 생각하는 관점에서
현재를 바라볼 수 있다는 것입니다. 이상적인 미래로 나아가는
활로를 자기 스스로 찾아낼 수 있게 도와주지요.**

괜찮습니다. 당신의 행복은 당신이 제일 잘 알고 있습
니다.

불안에 휩싸여 결정 내리지 못하고 있는 상황이라도
답은 이미 명확하게 당신 안에 있음을 기억하세요.

> ❀ 10년 후의 행복한 나에게 물어보자.

'바꿀 수 있는 것'과 '바꿀 수 없는 것'을
구분하자

불안이 엄습해와서 이러지도 저러지도 못하는 사람의 대다수가 '바꿀 수 있는 것'과 '바꿀 수 없는 것'을 혼동합니다. 그리고 바꿀 수 없는 것에 대해 계속 고민하지요. 예를 들면

- 과거에 일어났던 일
- 타고난 것이나 자라고 키워진 환경
- 타인의 평가
- 병, 상처, 자연재해

등입니다. 이런 것들은 분명 자신의 힘으로 통제할 수 없습니다.

통제할 수 없는 것에 대해서

'왜 이렇게 된 거지?'

'그때 이렇게 했더라면…'

'지금과 다르게 태어났다면…'

하고 고민한들 바꿀 수 없으니 고통스러울 뿐입니다.

이런 상황에 빠졌을 때 알아두면 좋은 것이 미국의 신학자 라인홀드 니부어(Reinhold Niebuhr)가 교회에서 읊었던 기도문입니다.

'신이시여….

바라옵건대

바꿀 수 없는 것을 받아들이는 평온을 주시고

바꿀 수 있는 것을 바꾸는 용기를 주소서.

아울러 이 둘을 분별하는 지혜를 주소서.'

자 그럼, 당신이 지금 안고 있는 불안은 '바꿀 수 있는 것'인가요? '바꿀 수 없는 것'인가요?

항상 이 두 가지를 분별하려는 행동이 불안으로 빨려 들어가지 않기 위한 핵심 포인트입니다.

바꿀 수 없는 것은 바꿀 수 없습니다.

그러나 바꿀 수 있는 것도 분명 있습니다.

자신의 힘으로 바꿀 수 있는 것. 그것이 보인다면 제 3장에서 소개한 습관들로 가볍게 한 발 내디뎌보세요. '이 방법은 한번 해볼까?' 하는 시도가 많은 걸 바꿔놓을 수 있습니다.

흐리고 뿌옇기만 했던 풍경은 차츰 뒤로 밀려나고 지금까지 보이지 않았던, 두근거릴 정도로 설레는 새로운 풍경이 당신의 삶에 펼쳐질 것입니다.

제4장

'막연히 속이 답답한 불안'이
쏙 사라지는 습관

과거와 미래, 노후….
답을 내놓기 어려운 일을 생각하면
뭔가 얹힌 듯 가슴이 답답하고 막막해집니다.
그런 막연한 불안을
말끔히 해소하는 법을 소개하겠습니다.

밥공기의 표면을
만지작거려 보자

'인간은 불안 속에서 산다'고 합니다.

살아남으려면 한시라도 빨리 잠재적인 위험 요소를 찾아내는 편이 유리하기에 불안을 잘 느끼는 방향으로 진화해왔습니다.

그래서 자신도 모르게 과거의 불쾌한 경험이나 아직 일어나지 않은 미래의 불안을 찾아내 '이렇게 되면 어떡하지… 그렇게 된다면…' 하는 걱정에 어느샌가 휩싸여 있지요. 몸은 여기에 있지만 의식은 이곳이 아닌 '과거'나 '미래'를 떠도는 상태인 겁니다.

이럴 때는 의식을 '지금, 여기'에 붙잡아두고 불안한 '과거'나 '미래'로 향하지 않게 해야 합니다. 그러기 위해 지금 느껴지는 것을 '오감(시각, 청각, 후각, 미각, 촉각)'을 활용해서 선명하게 의식해봅시다.

예를 들어 지금 당신이 산책을 하고 있다면
'와! 푸르른 녹음이 참 멋지구나(시각)'
'어디선가 꽃향기가 나네(후각)'
'어머, 귀여운 새들이 지저귀고 있어(청각)' 등을,

식사를 하고 있다면
'이 밥공기의 매끄러운 감촉이 참 좋아(촉각)'

'이 쌀밥은… 씹으면 씹을수록 단맛이 나는군(미각)'

'이 커피의 그윽한 향은(후각)… 힐링이 돼' 등을 세세하게 느껴봅시다.

다른 것을 일절 배제하고, 그저 '지금 하고 있는 행위'에만 집중하세요.

이렇게 하면 의식은 '지금, 여기'에 쏟아지는 상태가 되며 과거나 미래로 향하지 않습니다. 그 결과 '지금, 여기'에서 불필요한 걱정을 하지 않게 됩니다. 또한 과거나 미래에 대한 불안으로부터 해방되어 이내 마음에 평온이 찾아옵니다.

오감을 활용해 '지금, 여기'에 주의를 쏟는 습관을 기릅시다. 불안함과 막막함이 사라지고 일상이 생기를 되찾아 갈 겁니다.

🍀 오감을 활용해서 의식이 '지금, 여기'로 향하도록 하자.

초조했던 가슴속이
침착해진다

가슴속에 안개가 낀 듯한 막연한 불안감으로 초조할 때
는 신경 쓰이는 일을 모두 종이에 적어봅시다.

**번호를 매겨도 좋고 단어로 간단하게 적어도 좋습니다. 될 수
있는 한 조용한 곳에서, 그동안 마음에 걸렸던 점들을 차례차례
써보세요.**

'돈이 없다' '월급이 오르지 않는다' 'ㅇㅇ가 부럽다' '안
절부절못하고 초조하다' 등등….

글자로 나타내면 '아, 내 마음속에 이런 것들이 쌓여 있
었구나' 하고 미처 몰랐던 초조감의 정체를 알 수 있습

니다. 우리는 자신이 왜 그랬는지 납득이 갈 때 마음의 진정을 훨씬 잘 되찾습니다.

이와 관련해 2008년 〈암 간호학회〉지에 실린 한 연구에서는, 유방암 검사 결과를 '기다리는' 여성들의 불안 정도가 '확진 받은' 여성들보다 더 높다는 사실을 밝혔습니다. 펜실베이니아 대학교의 미셸 노이만(Michelle Neuman) 연구소장은 '사람들은 결과가 나쁘게 나온 상황도 불확실한 상황보다는 더 쉽게 여긴다. 그 상황을 자신이 통제한다는 느낌을 받기 때문'이라고 설명합니다.

버스 승객을 대상으로 이루어진 실험에서도, 예정된 도착 시각을 안내받은 승객은 버스가 언제 올지 모르는 승객보다 더 오래 기다려도 스트레스가 덜했다고 하지요.

같은 맥락에서, 글로 불안한 마음을 표현할 때의 최대 장점은 막연했던 점들이 '시각화'된다는 것입니다. 설령 나쁘고 안 좋은 내용이더라도 불안의 실제 모습을 드러내면 우리가 '불확실함'으로부터 느끼는 스트레스는 줄어듭니다.

속에 켜켜이 쌓여 있던 것들을 밖으로 분출했기에 홀가분한 기분마저 드는 것은 덤이고요.

불안의 실체를 알면 그에 대한 대처법을 쉽게 떠올릴 수 있습니다. 예컨대 '노후 자금이 불안해서 미래가 두렵다'라는 것을 알면 '저축하자'라는 대처법을, '그 사람의 말 한마디에 상처받았다'라는 것을 알면 '다음에 만나면 그 사람에게 내 기분을 말하자'라는 대처법을 생각할 수 있습니다.

손에 잡히지 않는 불안으로 떨었다가도 대처 행동을 알면 신기하리만치 가슴속이 침착해지는 게 느껴질 겁니다.

끝으로, 종이는 다시 보지 말고 찢어버리길 바랍니다. 속이 엄청 후련해질 거예요!

> ✿ 막연한 불안덩어리는 종이 위에 모조리 쏟아내어 버린다.

걱정도, 집착도, 괴로움도
없는 마음을 위하여

이렇다 할 원인도 없는데 불안해서 가슴이 죄여올 때는 눈을 감고 천천히 호흡하면서 둥근 보름달을 떠올립시다. **어느 한 곳 찌그러지지 않은, 너무도 온화하고 평온한 보름달입니다. 이윽고 둥그런 달님이 당신의 가슴속으로 쏘옥 들어오는 모습을 상상해보세요.**

이제 둥근 보름달은 당신의 가슴속에서 조용히 따뜻하게 빛나고 있습니다. 머릿속으로 이런 이미지를 떠올리면 마음이 차분해지고 왠지 모르게 빛으로 가득 찬듯한 충만함을 느낄 수 있습니다.

이 방법은 밀교에서 전해지는 명상법의 일부입니다.

밀교는 부처님이 깨우친 진리를 비밀리에 전한다는 뜻의 불교 종파로, 경전의 글자나 말이 아닌 다른 방법들로도 깨달음을 얻을 수 있다고 믿습니다. 그 방법 중 하나가 방금 소개한 '월륜관(月輪觀)' 명상입니다.

월륜관 명상에서 보름달은 우리 안의 '보리심(菩提心)'을 상징합니다. 보리심이란 깨닫고자 하는 마음이며, 살아 있는 모든 것의 행복을 위해서 부처님의 마음을 닮고자 하는 태도입니다.

부처님은 깨달음을 통해 어떠한 걱정도, 집착도, 괴로

움도 없는 고요한 마음상태에 이른 존재이지요. 즉, 이 명상은 둥근 보름달처럼 더없이 부드럽고 평온한 부처님의 마음을 우리 안에 담으려는 방법입니다.

내 안에서 환히 빛나는 보름달을 그리며 부처님의 힘을 빌려 불안을 가라앉혀보세요. 어느덧 그토록 바라던 편안함이 찾아올 겁니다.

🍀 내 가슴속에서 빛나는 둥근 보름달을 떠올리자.

공황 장애 환자들도 효과 본
'탭핑' 습관

평소부터 자주 해두면 불안에 둔해질 수 있는 활동이 있는데 바로 '합곡(合谷)'이라는 혈자리를 자극하는 '합곡 탭핑(Tapping)'입니다.

이 방법은 도쿄 미라이 대학교의 준교수이자 임상심리사인 후지모토 마사키(藤本昌樹)가 개발한 것입니다. 마사키 교수는 외상후 스트레스 장애(PTSD) 환자가 불안과 스트레스를 느낄 때 뇌의 '전측 대상회(Anterior cingulate, 심박수, 자율신경기능, 인지, 주의집중에 관여하는 대뇌 안쪽의 띠 모양 피질)' 혈류가 나빠지는 것에 주목했습니다.

이를 뒤집어서 '불안과 스트레스를 경감시키려면, 전측 대상회의 혈류가 원활해지도록 하면 되지 않을까?'라고 생각한 마사키 교수는 뇌 혈류의 혈자리인 '합곡'을 자극하는 '합곡 탭핑'을 고안해냈습니다.

주로 공황 장애로 고통받는 사람들을 대상으로 시행해보았더니, 약 60퍼센트의 응답자가 "불안과 공포가 가라앉았다" "마음이 차분해졌다" "초조했던 긴장감이 사라졌다"라고 답했습니다.

합곡 탭핑법은 매우 간단합니다.

불안이나 스트레스가 느껴질 때 손등의 엄지와 검지 뼈가 서로 교차하는 지점인 '합곡' 혈자리를 기분 좋은 강도로 리드미컬하게 톡, 톡, 톡 자극하면 됩니다.

톡, 톡, 톡 자극할 때는 반대편 손의 검지와 중지(손가락 끝의 둥근 부분)로 가볍게 두드립니다.

시간은 1분 이상.

본인이 탭핑하기 쉬운 쪽의 손만 해도 효과를 기대할 수 있으나 양손을 다하면 더 좋습니다.

저 역시도 수많은 사람들 앞에서 이야기할 때처럼 긴장하거나 불안이 느껴지는 순간에는 합곡 탭핑을 합니다.

톡, 톡, 톡 두드리고 있는 동안 마음이 차분해지고 어느새 불안이 크게 느껴지지 않더군요.

그 자리에서 간단하게 할 수 있으니 꼭 기억해두세요.

🍀 '합곡'을 손끝으로 톡, 톡, 톡 두드린다.

이유 모를 불안감은 3가지로 사라진다

한 중년 여성 상담자가 "딱히 이유도 없는데 왠지 모르게 불안해요…"라며 클리닉의 문을 두드렸습니다.

이야기를 들어보니 돈에 대한 불안도, 건강에 대한 걱정도 없었고, 생활해가는 데에 대한 불만이나 고민도 없었습니다.

그런데도 막연한 불안으로 가슴이 짓눌리는 듯 아프고, 아무것도 하고자 하는 의욕이 생기지 않는다고 말했습니다.

이런 분에게 저는 다음의 세 가지,

① **운동**

② **음악**

③ **몰두할 수 있는 활동**

을 해보라고 권합니다.

이 세 가지를 종합하면 기분이 명백하게 좋아진다는 사실이 다양한 연구로써 밝혀졌기 때문입니다.

먼저, ① 운동에 대해 살펴봅시다.

미국 듀크 대학교 의학부의 제임스 블루멘설(James Blumenthal) 교수 연구진은 우울증 치료를 위해서 ❶약만 복용한 그룹, ❷유산소 운동(주 3회, 1회 30분씩)만을 한 그룹, ❸약 복용 + 유산소 운동(주 3회, 1회 30분씩)을 같이한 그룹으로 나누어 추적 조사를 했습니다. 그 결과 우울증 재발률이 가장 낮았던 것은 '❷유산소 운동만을 한 그룹'으로 나타났습니다.

실제로 우울증 증세가 심해져서 클리닉을 찾는 상담자들에게 "최근에 운동을 하고 계십니까?"라고 물으면, "그러고 보니 운동을 안 하고 있어요. 옛날에는 했었는데…"
라는 대답이 정말 많았습니다. 이런 분들이 다시 운동을
시작하면 곧바로 우울증 증세가 개선됩니다.

② 음악을 들으면 쾌락 호르몬인 '도파민(Dopamine)'이
나 'β 엔도르핀(Beta-endorphin)'이 뇌 내에 증가한다고 알
려져 있습니다.

좋아하는 음악을 들었을 때 소름 돋을 것 같은 강한
흥분을 가져다주는 것이 도파민입니다. 또한 자연의 소
리나 모차르트의 곡 등 온화한 음악을 들었을 때 편안하
게 심취할 수 있도록 해주는 것이 β 엔도르핀입니다.

β 엔도르핀은 진통약으로 사용되는 몰핀의 6.5배의 효과를 지닙니다. 그리고 이를 가장 많이 분비시키는 음악이 영국의 앰비언트 음악 밴드 '마르코니 유니언(Marconi Union)'이 작곡한 〈Weightless(무중력)〉라고 하네요.

왠지 모르게 답답하고 기분이 가라앉을 때는 이 곡이나 자신이 좋아하는 음악을 들으면서 산책을 해봅시다.

③ 몰두할 수 있는 활동이란 자신이 좋아하는 일을 말합니다.

좋아하는 일을 하면 '플로(Flow) 상태'에 이르게 되어 울적하고 답답했던 심정에서 벗어날 수 있습니다. 플로는 무언가에 흠뻑 빠져들어 몰입한 심리적 상태를 가리킵니다.

하지만 심하게 우울할 때는 스스로도 무엇을 좋아하는지 알기 어렵지요. 그러니 '이것을 하는 동안엔 시간이 어떻게 흐르는지도 모른 채 집중했다'고 느끼는 일을 평소부터 찾아두어야 합니다.

플로 개념을 창시한 세계적 심리학자 미하이 칙센트미하이(Mihaly Csikszentmihalyi)는 이렇게 말합니다.

"무언가에 관심이 있다면 그것에 집중할 것이고, 집중

하면 관심을 갖게 될 가능성이 크다. 우리가 흥미롭게 여기는 많은 것들은 본래 그랬던 것이 아니라, 우리가 주의를 기울이는 수고를 들였기 때문에 존재한다."

몰두할 활동을 찾을 때 칙센트미하이가 제시한 다음의 여덟 조건을 참고해도 좋습니다.

① 기량을 발휘할 만한 어느 정도 난이도 있는 활동이다.
② 강력한 주의집중이 된다.
③ 목표가 명확하다.
④ 피드백이 온다.
⑤ 걱정거리가 잊힌다.
⑥ 상황을 통제할 수 있다.
⑦ 눈치와 자의식이 사라진다.
⑧ 시간 감각이 왜곡된다.

칙센트미하이는 화가들이 돈과 무관한데도 그림 그리는 일 자체에 몰두하는 걸 보고 플로에 관심을 갖게 되었다고 합니다. 몰입을 부르는 활동은 그림 그리기 외에도 독서, 산책, 요가, 등산, 퍼즐 등 개인마다 다양합니다.

저의 클리닉을 찾은 한 남성 상담자는 우울할 때면 '그 릇 닦기'에 몰두한다고 말했습니다.

"흐르는 물을 느끼면서 아무 생각 없이 더러운 그릇을 씻고 있으면 어느 순간 머릿속이 깨끗하게 비워집니다. 설거지를 전부 마친 뒤에는 머리가 맑아지고 마음도 한결 가벼워져 있습니다"라고 전하면서요.

이유 없이 기분이 처질 때는 지금까지 소개한 세 가지를 꼭 실천해봅시다.

> 🍀 '운동 + 음악 + 몰두할 수 있는 일'에 도전하자!

극심한 아픔과 슬픔을
치유하는 '회전 워크'

얼마 전, 클리닉을 찾아온 한 남성 상담자는 강박성 장애로 무척 힘겨워했습니다.

"제가 뭔가 이상한 짓을 할까 봐, 실수를 할까 봐 불안해요. 외출할 때 가스 불을 깜박한 건 아닌지 불안한 생각이 들어 몇 번이나 집에 다시 돌아가기도 하고요. 일할 때는 누르면 안 되는 버튼을 눌러서 발주하는 실수를 할까 봐 두려워서 발주도 잘 못합니다…"

이러한 탓에 여러 번 확인에 확인을 거듭하느라 편하게 쉴 틈이 없다는 것이었습니다.

그래서 제가 이분에게 제안한 것이 극강의 불안 경감법인 '회전 워크'입니다.

과거의 기억으로 고통받는 사람, 공황 장애를 앓는 사람, 원인 불명의 답답함으로 괴로운 사람 등 지금까지 다양한 분들에게 이 활동을 알려줬는데, 대다수가 "이 활동을 하고 나서부터 불안으로 가슴속이 괴로워지는 일이 사라졌다"라며 미소를 되찾았습니다.

'회전 워크'의 핵심적인 포인트는 머리로 생각하지 않고, 느끼는 것입니다.

논리를 관장하는 좌뇌가 아니라 이미지나 감각을 관장하는 우뇌를 사용해서 그저 느껴야 합니다. 이미지의 힘을 빌려서 우리 내면의 힘겨운 고통을 단숨에 가볍고 즐거운 것으로 바꿀 수 있습니다.

▸ 회전 워크법 ◂

① 의식을 내 안으로 집중시켜 신체의 어느 부근에 견디기 힘든 답답함이 느껴지는지 살핀다.

② 답답함은 당신의 몸속에서 소용돌이치는 불안 에너지다. 그리고 우주에 존재하는 모든 에너지는 회

전한다. 지구가 공전하고 자전하듯이, 욕조의 물이 수챗구멍으로 빠져나갈 때 소용돌이를 일으키듯이 당신 안에 자리 잡은 불안 에너지도 회전한다. 그것은 어느 방향으로 회전하는가? 오른쪽으로? 왼쪽으로? 아니면 앞으로? 뒤로? 정확하지 않아도 상관없다. 그냥 느껴보자.

③ 회전하는 당신 안의 답답함은 무슨 색을 띠는가? 감으로 답해보자.

④ 회전하는 당신 안의 답답함은 어떤 형태인가? 무게는?

⑤ 답답함의 회전이 멈추는 이미지를 떠올린다.

⑥ 멈췄다면 방금 전과 반대 방향으로, 당신에게 기분 좋은 정도의 속도로 회전시킨다.

⑦ 이제 가슴속 답답함의 색깔을 자신이 좋아하는 색깔로 바꿔보자. 이와 동시에 졸졸 흐르는 시냇물 소리나 청아한 방울 소리 등 자신이 좋아하는 소리가 들린다고 생각하자. 아니면 좋아하는 향기가 난다고 생각해도 좋다.

강박을 앓았던 상담자에게 이 활동을 체험하게 했더니

"처음에 제 답답함은 회색빛의 무겁고 큰 덩어리였는데, 역회전을 시키자마자 가벼워지고 반짝거리게 되었어요! 마치 아주 오랫동안 어두컴컴했던 방에서 커튼을 확 걷자 눈부신 빛이 쏟아지는 것처럼…. 아, 안심이 되니 이렇게 눈물이…"라며 눈시울을 붉혔습니다.

이처럼 견디기 어렵고 고통스러운 불안을 우리는 우리 자신의 힘으로 바꿀 수 있습니다. 통제할 수 있습니다.

이 사실을 아는 것만으로 문득 마음이 편해지는 것 같지요.

저는 16년 동안 동고동락했던 반려견을 잃었을 때, 이 방법을 통해 그 후의 날들을 헤쳐 나갔습니다. 떠올리면 눈물이 멈추지 않았고 이대로는 도저히 일을 할 수 없다는 생각이 들었습니다. 그래서 마음이 저리도록 아픈 곳으로 의식을 집중시키고, 잿빛의 슬픔을 역회전시켜 반려견에 대한 제 사랑을 나타내는 따뜻한 색으로 바꾸었습니다. 그러자 하염없이 흐르던 눈물이 잦아들었고 다시금 일을 할 수 있었습니다.

회전 워크로 20년 동안이나 앓았던 공황 장애를 고친 사람도 있습니다.

정말 최강의 실천법이니 꼭 시도해보세요.

🍀 강력한 '회전 워크'로 불안을 가볍게! 밝게! 바꾸자.

소중한 사람이 걱정돼서
어쩔 줄 모르는 당신에게

아이를 기르는 엄마들 중에 '항상 아이가 걱정 되어서 집 안일도 업무도 손에 잘 잡히지 않는다'고 하는 분들이 적지 않습니다.

사고가 나는 것은 아닐까? 몸 상태가 나빠지는 것은 아닐까? 학교에서 따돌림을 당하는 것은 아닐까?

이런 걱정을 하다 보면 마음이 불안해서 아무 일도 못 한다는 것입니다.

이런 엄마들에게 제가 전하는 한마디는 "자녀가 금빛 광채에 감싸여 보호받고 있는 모습을 상상해보세요"입니다.

　밝은 에너지가 넘치는 황금빛 후광이 아이를 지켜준다고 생각하면 마음이 차분해지고 '그래, 우리 애는 괜찮을 거야!'라고 안심할 수 있습니다.

　사실 이런 식으로 양육자가 차분하고 안정된 마음을 갖는 것은 아이의 긍정적 정서에 매우 중요합니다.

　왜냐하면 엄마가 아무 이유 없이 매사에 근심하면 아이는 그런 양육자의 태도에서 '나는 엄마에게 걱정을 끼치는 아이'라는 메시지를 받기 때문입니다. 엄마가 '아이가 따돌림을 당하면 어쩌지?'라며 불안해 하면 그 불안이 아이에게 고스란히 전달되어 '나는 따돌림을 당할 만한 사람'이라고 믿게 될 수 있습니다.

아이를 필요 이상으로 불안하게 만들지 않기 위해서라도 일단 엄마의 심리적인 안정이 제일 중요합니다.

🍀 소중한 사람을 황금빛의 광채로 지키자.

어떤 '신념'을 버리면 대중교통도 편해진다

"버스나 지하철을 못 타니 가고 싶은 곳에 마음대로 갈 수가 없어요."

이 역시 매우 많은 상담입니다. 이른바 공황 장애의 일종이지요.

한 남성 상담자는 버스 안에서 속이 울렁거리며 컨디션이 갑자기 나빠졌고 '다음 정류장에 도착하기도 전에 여기서 토해버리면 어쩌지?' 하는 불안을 느낀 다음부터 버스만 타면 그와 같은 불안이 엄습해온다고 말했습니다. 버스를 타고 있거나 버스를 타려고 하면 심장이 두근거리고 숨쉬기가 고통스러워 탈 수 없다며 매우 불편하다고도 했습니다.

이렇게 공황 상태가 되는 분들은 많은 경우, 어떠한 신념을 가지고 있습니다.

그것은 '타인에게 폐를 끼치면 안 된다'라는 신념입니다.

많은 분들이 갖고 있는 생각이지만 개인에 따라 그 정도가 다릅니다. 이 신념이 지나치게 강하면 자신의 사정으로 남에게 폐를 끼치는 것을 끔찍이도 두려워하게 됩니다.

이런 두려움으로 불안이 커져 공황 상태에 빠지게 되고 결국 속이 울렁거리고 몸 상태도 나빠지는 것입니다.

이런 분들에게 저는 이렇게 묻습니다.

"만일 반대 입장이라면 어떤 생각이 드세요? 눈앞에 몸 상태가 어딘가 안 좋아 보이는 사람이 있다면요?"

그러면 대다수가 화들짝 놀라면서 "네? 반대 입장이요? …바로 도와줄 겁니다. 전혀 민폐라고 생각하지 않아요"라고 답변합니다.

"그렇죠? 그런데 왜 자신은 상태가 안 좋으면 다른 사람에게 민폐라고 생각하죠?"라고 다시 물으면 "그… 그러게요. 몸이 안 좋을 때는 다른 사람에게 기대도 괜찮은 거군요"라며 차분해지는 분들이 많습니다.

이렇듯 자신의 관점을 '도움 받는 쪽'에서 '도움 주는 쪽'으로 전환함으로써 지하철이나 버스를 타는 것에 대한 불안감이 가벼워지는 경우가 종종 있습니다.

'사람 인(人)'이라는 한자를 보면 두 명의 인간이 서로를 지지하며 의지하는 형태입니다. 노벨문학상을 수상한 극작가 조지 버나드 쇼(George Bernard Shaw)는 "우리 모두는 서로 의존한다. 이 지구에 사는 모든 영혼은 서로 의지하고 있다"라고도 통찰했습니다. 인간이 서로 의지하는 것은 너무도 자연스러운 일입니다. 당신도 누군가에게 도움이 될 때 기분이 좋지 않던가요?

그러니 몸 상태가 나쁠 때는 다른 사람에게 신세를 져도 괜찮다고 생각합시다.

이 점을 아무쪼록 잊지 말아주세요.

> ✤ '몸 상태가 안 좋은 사람이 내가 아니라 타인이라면?'이라고 생각해보자.

쉴 수 없는 날에
몸이 아플 경우

외출하기 전부터 '오늘은 배가 좀 아프네' '왠지 머리가 지끈거려' 싶은 때가 있습니다. 이럴 경우 집에서 쉬는 것이 제일 좋지만 '오늘만큼은 쉴 수 없는 날'도 있기 마련이지요.

'하필이면 이렇게 중요한 날 왜 아픈 거야… 짜증 나'라고 생각하면 대개의 경우 통증이 장시간 지속됩니다.

그런데 아픈 부분에 손을 대고 속으로 '그래, 아프지? 그런데 오늘은 꼭 나가야 하는 중요한 날이니까 오늘 하루만 잘 부탁해!' 라고 말하면 신기하게도 통증이 가벼워집니다.

왜냐하면 당신의 몸이 당신에게 전하고 싶은 바가 있어 생겨난 통증일 수 있기 때문입니다.

'지금 많이 아파? 항상 열심히 해주는데. 정말 고마워. 나한테 혹시 하고 싶은 말이 있어?'라고 마음속으로 물으면 '요즘 너무 열심히 했더니 지쳤어. 쉬고 싶어' 또는 '저 사람한테 너무 신경을 써온 것 같아' 등 아픈 곳이 대답해주는 것 같이 느껴집니다.

주의를 기울이지 않으면 좀처럼 알아차릴 수가 없는 게 몸의 신호이지만, 듣고자 의식하며 귀를 기울이면 들리는 경우가 많습니다.

열심히 최선을 다하고 있는 당신의 몸으로 의식을 집중시키면, 몸이 그런 당신을 이해해주고 통증이 생기지 않도록 해줍니다.

한 여성 상담자는 상대하기 까다로운 업무 관계자가 있다며, 그와 미팅이라도 하는 날은 만나기 전부터 머리가 지끈지끈 아프다고 했습니다. 그래서 위의 방법으로 몸이 보내는 목소리에 귀를 기울였더니 그다음부터 두통이 완화되었다고 말했습니다.

"'그 사람은 대하기가 껄끄럽지? 그래서 아픈 거지? 그래, 네 마음 이해해'라고 생각하는 것만으로도 두통이 서서히 가라앉았어요. 이 방법, 효과가 정말 좋네요!"라고 그분은 말해주었습니다.

하루를 열심히 보낸 후에는, 자신의 몸이 전하고 있는 말을 귀 기울여 충분히 들어주고, 편하게 쉬거나 상대하고 싶지 않은 사람과의 접촉을 되도록 줄이는 등 스트레스 강도를 낮춰보세요.

물론 통증이 지속될 경우에는 질환일 가능성이 있으니 전문가에게 진찰을 받도록 합시다.

그래그래, 알겠어

🍀 아픈 부분에 대고 "혹시 나한테 하고 싶은 말 있어?"라고 물어보자.

통증으로 인한 불안은 통제할 수 있다

한 남성 상담자는 추간판 탈출증(Hernia of intervertebral discs, 척추뼈 사이의 쿠션 역할을 하는 디스크가 밖으로 돌출되어 신경을 누르는 증상)으로 심하게 아팠던 것을 계기로, 허리에 아주 가벼운 통증만 느껴져도 불안해서 아무것도 할 수 없다며 클리닉을 찾아왔습니다.

'도대체 이 통증이 어디까지 심해질지, 언제까지 계속될지를 생각하면 허리가 더 아파오는 것 같다'라고도 말했습니다.

그 말처럼 통증이란 신경을 쓰면 쓸수록 더 심하게 느껴지곤 합니다.

그런데 흥미롭게도, 무언가에 열중하고 있을 때의 우리는 다쳤는데도 그 통증을 전혀 느끼지 못하기도 하죠?

예를 들어 좋아하는 운동을 하던 중 격한 플레이 때문에 넘어질 수 있습니다. 그 순간은 아무렇지 않았는데, 막상 시합이 끝난 뒤 다친 부위를 발견하면 그제야 '이렇게 깊게 파였어? 너무 아파!' 하고 통증을 느끼게 됩니다.

즉 통증은 의식하느냐, 의식하지 않느냐에 따라서 느끼는 정도가 달라집니다.

그러니 의식적으로 통증을 통제해봅시다.

다음과 같은 방법으로 다친 곳을 치유해주는 공을 굴려보세요.

▸ 아픔을 통제하는 법 ◂

① 통증이 느껴지는 부위에 아픔을 치유해주는 '빛의 볼'이 올려져 있다고 상상한다. 잠시 동안 그 볼의 존재를 느껴보자.

② 빛의 볼이 조금씩 좌우로 움직이는 것을 떠올린다.

③ 볼의 움직임이 점점 커지면서 빛이 나의 몸 전체로
  퍼져나간다. 치유의 볼이 몸 구석구석을 굴러다닌다
  고 생각하면서 빛의 따뜻함과 편안함을 느껴본다.

　이미지 연상이 잘 될 때까지 반복적으로 해봅시다.
　'통증이 느껴져도 이 방법이 있으니 안심이다'라는 생
각을 가지면 통증에 대한 두려움도, 통증으로 말미암은
스트레스도 한결 가벼워질 겁니다.

> 🍀 통증이 느껴지는 부위에 '빛의 볼'이 굴러다니는 이
> 　미지를 연상하자.

암 환자에게도
도움 되는 명상 습관

어떤 질환이든 치료는 그 나름대로 힘듭니다. 그중에서도 특히 암이라고 하면 극심한 불안에 사로잡히고 맙니다.

이런 암 환자의 불안을 줄여주는 것이 '양과 목초'라는 활동으로, 저의 스승 고노 마사키(河野政樹) 소아정신의학과 선생님으로부터 배운 방법입니다.

활동을 시작하기 전에 먼저, '암은 외부의 적이 아니다'라는 점을 기억해둬야 합니다.

암 세포는 일반 세포가 변한 것으로, 평소에는 임파구 등 면역 세포에 잡아먹혀서 그 수가 늘지 않도록 통제를 받습니다. 즉, 평소에는 당신의 몸을 공격하는 적이 아닙니다. 그런데 생활 리듬이나 심신의 균형이 깨지면 암 세포를 잡아먹는 면역 세포가 감소하고, 그 결과 암 세포의 수가 늘어나 주변 장기에 손상을 입히고 맙니다….

즉, 문제는 '수가 너무 많아지는 것'이지 암 세포 그 자체가 아닙니다. 이 점을 숙지했다면 바로 활동을 시작합시다.

당신의 몸속에서 다음과 같은 일이 일어나고 있다고 떠올려보세요.

① 목초지에서 양이 방목되고 있다. '목초'는 암 세포, '양'은 면역 세포다.
② 목초는 쑥쑥 자라나고 있다. 양의 수가 적기 때문이다. 이제부터 목초가 더 자라지 못하도록 양의 수를 늘리겠다. 늘어난 양은 목초를 마구 먹어 치운다.
③ 양은 똥을 싸고 목초의 비료가 된다. 목초는 잘 자라지만 충분히 많은 수의 양이 목초를 잘 먹어서 그 이상 자라지 못한다. 양은 맛있는 목초를 잘 먹고 똥도 잘 싼다.

④ ①~③의 이미지를 반복해서 떠올린다. 영양분이
   넓은 범위로 잘 퍼져나가는, 긍정적이고 따스한 순
   환의 이미지를 그린다.

⑤ 매일 생각날 때마다 반복해서 이미지를 떠올린다.

뇌 분야의 권위자인 하루야마 시게오(春山茂雄) 박사는
"몸과 마음은 늘 대화를 나누고 있다. 그래서 마음으로
떠올리는 내용은 추상적 생각에 그치지 않고 반드시 물
질로 변화해 신체에 작용한다"고 말합니다. 그의 연구에
의하면 마음속 부정적인 이미지가 암이나 노화를 유발한

다는 사실이 의학적으로 입증되었으며, 명상을 통해 긍정적인 마음을 가지는 방법으로 많은 환자가 호전되었다고 합니다.

'양과 목초' 활동의 포인트 역시 암 세포와 '싸우는' 이미지를 떠올리지 않는 것입니다.

암 세포도 원래는 당신의 신체 일부입니다. 싸워서 무찌를 대상이 아니라 몸에 좋은 영양분으로 바꿔서 흡수해가는 긍정적 이미지를 품도록 합시다.

🍀 양(면역 세포)에게 목초(암 세포)를 먹이자.

❖

막연한 불안에 귀를 기울이자

막연한 불안감으로 괴로울 때, 거기서 벗어나 편안해질 수 있는 가장 확실한 방법은 불안을 직시하는 것입니다. 단 한 번이라도 좋으니 불안을 똑바로 마주해봅시다.

불안은 외면하면 오히려 더 커지는 성질이 있습니다.

예를 들어 방 안에 뭔가 있는 것 같은 느낌이 들었다고 합시다. 그 낌새를 알아차린 당신은 왠지 모르게 불안해질 것입니다.

'바람에 커튼이 펄럭인 건가?'

'아니면 내가 싫어하는 벌레가 있나?'

정체를 밝힐 수 있으면 좋겠지만 너무 겁이 나 불안의 존재를 모른 척 외면하게도 됩니다. 하지만 확인 과정을 건너뛰면 불안의 존재는 점점 더 커지고 신경이 쓰입니다.

'벌레가 아니라… 어쩌면 누군가 밖에서 나를 들여다보고 있나?'

'아니면… 사람이 아닌 뭔가가 이 방에 있나?'

불안은 더 큰 불안을 불러옵니다.

하지만 불안을 마주하고 그 정체를 확실히 밝히면 아무것도 아닌, 가령 위층에서 내는 생활 소음이거나 기르고 있던 햄스터가 우리에서 나와 살금살금 방 안을 돌아다니는 소리 등 전혀 무서운 것이 아닐 수도 있습니다.

혹여 징그러운 벌레나 수상한 사람일지라도 정체를 알면 벌레를 때려잡을 신문지를 준비하거나 경찰에 신고하는 등 대처 방법을 생각할 수 있지요. 대처 방법을 생각하면 불안은 이내 사라집니다.

그러니 불안한 마음에 괴롭고 힘들 때는 일단 불안을 직시해봅시다. 그러기 위해서는 불안을 느끼는 신체 부위가 어딘지를 의식하면서 '이 불안을 통해서 나에게 뭘 알려주려는 거지?'라고 자문해보세요.

'가슴속에 불안감이 자욱해서 괴로워…. 나에게 도대체 뭘 가르쳐주려는 거야?'

'아, 내일 출근하는 게 무섭구나. 지난주에 실수해서 동료들에게 피해를 줬으니 다들 싫어하면 어떡하나 하는 걱

정에 불안하구나.'

'막연한 불안으로 머리가 무거워… 이 불안을 통해서 나한테 뭘 알려주려는 거지?'

'맞아, 어제 그 사람하고 싸웠어. 그때 인격 모독까지 당해서 상처받았구나.'

이런 식으로 불안의 정체를 어렴풋이나마 알면 '아침 일찍 출근해서 모두에게 사과해야겠다' 또는 '나중에 그 사람에겐 이런 말로 상대해주자' 등 자신이 해야 할 일이 떠오릅니다.

해야 할 일을 알면 불안은 저절로 가벼워지고요.

그리고 여기서 기억해야 할 것은, 불안은 당신이 당신 자신을 지키려는 감정에서 나온다는 사실입니다.

'남에게 미움을 사지 않도록 나 자신을 지키고 싶다.'

'존엄이나 자존심에 금이 가지 않도록 나 자신을 지키고 싶다.'

이런 감정이 말로 표현할 수 없는 답답함으로 분출되는 것이 불안입니다.

즉, 불안은 당신 편입니다.

당신을 괴롭히려고 찾아온 것이 아니라 당신이 편해질 수 있는 방법을 알려주려고 찾아왔습니다.

이 알림을 잘 들으려면 역시 불안의 정체를 한 번쯤은 똑바로 마주보는 것이 중요합니다. 혼자 직시하기가 어렵다면 저와 같은 전문가의 손을 빌려주세요. 어딘가에 반드시 당신이 편안해질 수 있는 힌트가 숨어 있을 겁니다.

제5장

'견디기 힘든 트라우마'가
조용히 사라지는 습관

과거에 받은 마음의 상처가 항상 아리고 아프다,
그 상처가 떠오르면 불안해진다.
이럴 때 당신 편이 되어줄 든든한 아군,
극강의 습관을 소개하겠습니다.

괴로운 기억이
떠나가는 습관

불현듯 과거의 일이 떠올라 괴로워질 때, **당신을 괴롭히는 그 불안을 다음과 같은 방법으로 흘려보낼 수 있습니다.**

① 나의 몸속에서 불안이 느껴지는 부위를 의식한다
  (머리나 가슴 안쪽이라고 말하는 사람이 많다).

② 그 불안은 어떤 색깔, 모양, 무게, 촉감을 띠고 있는
  가? 구체적으로 떠올려보자.

③ 떠올린 불안을 몸 밖으로 끄집어내는 모습을 상상
  한다.

④ 밖으로 꺼낸 불안을 나뭇잎에 실어 눈앞의 흐르는 강물에 띄운다. 나뭇잎이 순식간에 물살에 휩쓸려 떠내려가는 모습을 그린다.

⑤ 불안은 점점 멀리 흘러가, 이윽고 보이지 않는다.

단지 이것뿐입니다. 너무나 간단해서 효과가 있을까 싶지만 실제로 해보면 체기가 내려간 듯이 속이 산뜻해집니다.

힘든 과거의 기억은 이렇게 강물에 띄워 멀리멀리 흘려보내세요.

🍀 불안이 강물에 떠내려가는 모습을 떠올리자.

기분 나쁜 일이
머릿속을 맴돈다면

얼마 전, 트라우마가 될 뻔한 일을 경험한 적이 있습니다.

아이 일로 문제가 생겼고 근처에 사는 한 남성이 붉으락푸르락하며 집까지 찾아온 것입니다. 수차례 초인종을 누르고 고래고래 소리 지르며 화를 냈기에, 한동안 비슷한 연령대의 남자만 봐도 무섭다는 생각에 몸이 절로 떨렸습니다.

'이대로 있다가는 트라우마로 남겠다…' 싶었던 저는 다음 활동을 실천했습니다. 싫은 경험을 가운데 두고 위아래를 좋은 경험으로 덮어 '샌드위치' 시키는 방법입니다.

▸ 기억의 샌드위치법 ◂

① 기분 나쁜 일이 있었던 '전' '후'의 기억에서 좋았던 기억을 찾는다.

(제 경우에는 그 남성이 따지러 온 사건이 일어나기 '전'에는 소파에 느긋하게 앉아서 차를 마시고 있었고, '후'에는 아이들이 귀가해서 함께 즐거운 시간을 보냈습니다.)

② 종이에 '사건이 일어나기 전의 좋은 체험' '기분 나쁜 체험' '사건이 일어난 후의 좋은 체험'을 적어서 방바닥에 일렬로 늘어놓고 각각의 위치를 정한다. 종이와 종이 사이에 한두 걸음 정도 거리를 두면 된다.

③ '사건이 일어나기 전의 좋은 체험' 위에 서서 그때의 기억을 오감으로 느끼며 되돌아본다.

(제 경우에는 소파의 폭신하고 부드러운 느낌, 그윽한 차의 향기, 듣고 있던 감미로운 음악소리를 되새기며 기쁜 감정을 떠올렸습니다.)

④ 이번에는 '사건이 일어난 후의 좋은 체험' 위에 서서 오감으로 느끼며 되돌아본다.

(제 경우에는 아이들의 미소, 즐거운 웃음소리, 찰랑찰랑한 머리칼이 스치는 감촉, 함께 먹은 간식의 맛이었습니다. '사건 후의 좋은 체험'을 떠올리기 힘들 때는 시간이 조금 경과한 뒤의 다른 날의 체험도 괜찮습니다!)

⑤ 이제부터는 '사건이 일어나기 전의 좋은 체험' '기분 나쁜 체험' '사건이 일어난 후의 좋은 체험' 이렇게 세 곳을 직선으로 왔다 갔다 한다.
단, '기분 나쁜 체험'의 종이는 우회하여 밟지 않는 것이 포인트다.

사건 전, 사건 후의 '좋은 체험' 위에서는 그때 느꼈던 즐거움이나 안심되는 마음을 천천히 음미한

다. '기분 나쁜 체험'을 비켜서 지나갈 때는 '남의 일이야, 남의 일…'이라고 손사래를 치며 통과한다. 되돌아올 때는 반대방향으로 뒤돌아 걷는다.

⑥ ⑤를 여러 번 반복한다. 처음에는 천천히 걸으면서, 두 번째부터는 서서히 속도를 붙여서 종종걸음으로 왔다 갔다 한다.

⑦ 마지막으로 '기분 나쁜 체험'을 새삼 돌아본다. 기분 나쁜 감정이 가벼워졌거나 남의 일처럼 느껴진다면 OK! 아직 기분 나쁜 감정이 강하게 남았다면 ⑤를 반복한다.

우리의 감정은 단순한 기분 변화가 아니라, 특정 장소나 상황에서 몸이 기억하는 반응이기도 합니다.

이 활동은 특정 위치에 기분 좋은 감정을 연결시키기 때문에 우선 몸이 느끼는 감각을 바꿀 수 있고, 거기서부터 기분의 변화가 시작됩니다.

저도 이 방법을 실천한 후에는 화를 내며 찾아왔던 이웃 남성이 아무렇지 않게 느껴졌습니다. 예전에는 그 사람을 마주칠까 봐 불안했지만, 지금은 아주 평범하게 "안녕하세요"라고 인사를 건넨답니다.

> 🍀 기분 나쁜 체험을 샌드위치처럼 즐거운 체험 사이에 끼워 넣자.

소외 당한 '기억'을
'기회'로

"SNS를 봤더니 저만 친구들 모임에 초대받지 못했더라고요. 충격이었습니다. 그 후부터 의기소침해지고 우울해졌어요…."

최근 들어 이런 고민을 안고 찾아오는 분들이 늘고 있네요.

물론 자기만 소외 당했다는 사실을 알면 슬프고 괴롭습니다. 저 역시 예전에 직장 모임에 초대받지 못하여 크게 서운했던 기억이 있습니다. 모임 주최자의 입장에서는 '바쁜 것 같아서' 나름대로 배려해준 것일 수도 있지만 나만 소식을 몰랐다는 사실은 역시 마음에 상처가 됩니다.

그러면 이럴 때 어떻게 소외감이나 슬픈 감정을 해소할 수 있을까요?

저는 기분 나쁜 기억을 즐겁고 행복한 기억으로 '덮어쓰기' 했습니다.

　구체적으로 어떻게 했냐면, 직장 모임보다 훨씬 더 즐거운 계획을 세웠습니다. 아이들과 함께 오랜만에 여행을 떠나기로 한 것입니다. 막상 떠난 여행은 엄청나게 즐거웠고, 시간이 흐른 지금은 '오히려 그런 기회를 갖게 되어 행운이었어'라고 생각합니다.

　역사상 가장 영향력 있는 심리치료사로 꼽히는 미국의 심리학자 앨버트 엘리스(Albert Ellis)는 우리가 어떤 일로 겪는 괴로움은 그 일 자체가 아니라 그 일에 대한 '믿음'에서 온다고 보았습니다.

　그가 개발한 'REBT(Rational Emotive Behavior Therapy, 합리정서행동치료)'는 기존의 안 좋았던 경험을 새로운 관점에서 다시 바라보고 평가하는 데 중점을 둡니다. 부정적이라 믿고 있던 기억을 재평가하여 이를 긍정적인 계기로 바꿔나갈 수 있다는 것입니다. 모임에 혼자 빠진 일에 관한 저의 해석이 달라지니 오히려 그 일이 반가웠던 것 처럼요.

그러니 무리에서 제외될 때가 있다면 그 시간을 모처럼 생긴 기회로 삼아보세요. 나 자신이 즐겁다고 느끼는 일을 아예 실컷 누려보는 것도 멋지지 않을까 싶습니다.

과거의 기억이 괴로울 수 있습니다. 하지만 당신은 그 기억을 다르게 볼 수 있는 능력이 있고, 친구나 가족, 동료와의 즐거운 추억을 잔뜩 만들어 얼마든지 덧칠할 수도 있습니다!

🍀 기분 나쁜 기억을 즐겁고 행복한 기억으로 덮어쓰자.

말의 상처로부터
회복되는 습관

"얼마 전에 회사에서 선배가 제 험담을 하는 것을 우연히 엿듣고 말았어요. '그 녀석은 참 눈치가 없어. 안 했으면 하는 일을 꼭 한다니까'라고 흉을 보더라고요…"

회사원인 한 남성이 힘겨운 표정으로 클리닉을 찾아와 이렇게 털어놓았습니다.

또한 그 말을 들은 다음부턴 앞장서서 뭔가를 하려다가도 '또 눈치 없다는 소리를 들을지 몰라' 하는 생각에 불안해져 작아지는 기분이라고 했습니다.

'말의 힘'은 우리가 생각하는 것 이상으로 강력합니다. 누군가의 말 한마디가 비수처럼 마음에 꽂히면 잘 빠지지 않고 마음속 깊은 곳에 뿌리 박히는 일이 많지요.

이렇게 마음에 꽂힌 칼날을 빼내는 치료법 중에 '청각 스위시 (Auditory Swish)'라는 것이 있습니다. 특정한 '소리'에 대한 인식을 고쳐 쓰는 활동인데 매우 효과적이에요.

▸ 청각 스위시 방법 ◂

① 누군가에게 들었던 상처 받은 말, 험담, 욕설 등 '싫은 소리'를 떠올린다. 그때 어떤 기분이었는지, 예를 들어 '슬프다' '괴롭다' '가슴 아프다' 등을 언어화한다.

② 그다음으로 자신이 바라는 가장 이상적인 상태를 떠올리고 '기분 좋은 소리'를 상상한다.

예를 들어 동경하는 사람이 "잘하고 있어" "네가 최고야!"라고 칭찬해주는 말 같은 것들이다. 이런 말을 들었을 때 어떤 기분인지 느껴본다. '두근두근하다' '기쁘다' '편안하다' '안심이 된다' 등 언어화한다.

③ 그다음으로 커다란 스피커를 머릿속에 그린다. 스피

커에서 ①의 싫은 소리가 울려퍼진다고 상상한다.

④ 그 소리가 들리면 한쪽 손에 리모컨을 쥐고 있다가 스피커 전원을 끄는 모습을 떠올린다. 실제로 리모컨 버튼을 누른다고 생각하고 손가락을 아래로 꾹 누른다. 이렇게 하면 '싫은 소리'가 순식간에 스피커 안으로 빨려 들어가 사라져버린다. 만일 이렇게 했는데도 '싫은 소리'가 계속 들리는 것 같다면 즉시 손가락을 다시 움직여 전원을 완전히 꺼버린다.

⑤ '싫은 소리'가 사라지면 곧바로 반대쪽 손으로 리모컨의 다른 버튼을 누르는 모습을 떠올린다. 이번에는 '기분 좋은 소리'가 스피커에서 흘러나온다. 그 소리를 마치 하늘에서 따스하게 내리쬐는 햇살이라 여기면서 숨을 깊게 들이마셨다가 내쉰다. 기분 좋은 소리가 반복해서 들려온다.

⑥ 이윽고 '자연의 맑고 편안한 소리들(시냇물 소리, 새의 지저귐, 파도 소리 등)'이 들린다고 생각한다. 느긋하게 쉬는 자신을 느껴보자.

⑦ ③~⑥을 여러 번 반복한다. 처음에는 천천히, 이후 부터는 서서히 속도를 높여서 '싫은 소리' → '기분 좋은 소리' → '자연의 소리' 순으로 반복해서 재생한다.

⑧ 마지막으로 '싫은 소리'를 떠올렸을 때 부정적인 감정이 줄었거나 더 이상 괴롭지 않다면 이제 괜찮다. 만약 변화를 느낄 수 없는 경우에는 '기분 좋은 소리'의 예를 다른 것으로 바꿔서 해본다.

고민을 털어놨던 남성 상담자는 이 방법을 시도해보고

"그 선배가 했던 말을 떠올려도 아무렇지 않게 되었어요. 정말 기쁩니다!"라며 웃는 얼굴로 돌아갔습니다.

또 다른 상담자 중에 '매일 아침 눈을 뜨면 기분이 안 좋아 고민'이라는 분이 있었습니다. 이야기를 자세히 들어보니 아침에 늘 자신을 비난하고 깎아내리는 내면의 소리가 들려온다는 것이었습니다.

그래서 저는 청각 스위시를 추천했고 상담자는 이튿날부터 눈을 떠도 불쾌한 기분이 들지 않게 되었다며 "정말 오랜만에 상쾌한 기분으로 일어났어요! 너무 신기해요!" 하고 무척 기뻐했습니다.

이렇듯 정말 효과적이니, 조용한 장소에서 차분하게 시도해보길 바랍니다.

🍀 '청각 스위시'로 마음에 꽂힌 비수를 빼내자.

생각만 해도 괴롭고
싫은 사람이 있다면

너무 싫은 기억이 있어서 떠오르기만 해도 괴로워지는 사람이 있나요?

우리의 마음은 종종 고통스러운 기억을 반복적으로 떠올리면서 그것을 지금 현실인 것처럼 느끼게 만듭니다. 특히 사람과 관련된 기억은 깊은 감정적 상처를 남겨 더욱 힘들 수 있습니다. 인간관계는 우리의 마음과 생각, 성격과 행동에 가장 큰 영향을 미치기 때문입니다.

이런 상황에서는 단순히 그 사람에 관한 기억을 억누르거나 회피하려고만 하는 게 아니라, 오히려 그 기억에 당신이 반응하는 방식을 새롭게 하는 것이 중요합니다.

제가 권하는 방법은 이미지의 힘을 빌려서 상대에 대한 기억을 아주 먼 저편으로 던져버리는 것입니다. 시각적 이미지는 우리의 감정을 강력하게 조절할 수 있는 도구이거든요. 그러니 다음의 네 단계를 차례로 진행해보세요.

① 싫은 사람을 떠올린다.

② 머릿속에 떠올린 그 사람의 이미지가 자신의 시야에서 어디에 위치하는지 느껴본다.

③ 그 사람의 이미지를 "슝~!" 하고 숨을 내뱉으며 손을 움직여 휙 내던진다.

④ 우주 저편으로 날아가 아주 작은 점이 되어서 사라지는 모습을 떠올린다.

싫은 사람에 대한 기억이 떠오르면 언제나 이 방법을 쓰세요. 여러 번 계속하다 보면 그 사람이 떠오를 때 느꼈던 가슴을 짓누르는 압박감에서 해방될 것입니다.

실제로 "휘익~" "슈욱~" 하고 소리를 내거나 손으로 집어서 멀리 던지는 동작을 하면 시각 외의 다른 감각들까지 동원되어 기억을 훨씬 더 멀리로 쫓아낼 수 있습니다.

싫은 사람은 머나먼 우주 저편으로 날려버립시다!

🍀 하찮은 점으로 만들어 우주 저편으로 날린다!

곁에 아무도 없다고
느끼는 외로운 사람에게

괴롭힘을 당한 적이 있는 사람 중에 아무도 자신을 도와주지 않았던 기억이 트라우마로 남은 경우가 적지 않습니다.

저를 찾아온 한 학생도 그랬습니다. 카운슬링과 병행해서 몇 가지 활동을 실천하도록 스케줄을 짰는데 학생이 "그게 제일 효과적이었던 것 같아요!"라고 말했던 방법이 있어 소개합니다.

그것은 바로 조상님에게 내 편이 돼달라 기원하기입니다. **방법은 매우 간단합니다. 조상님에게 기도문을 외기만 하면 끝입니다.**

덧붙여 제가 사용하는 기도문은 '할머니, 제게 미소를 지어주세요'입니다.

이는 민속신앙에 바탕한 것으로, 기도를 읊어 조상에게 감사를 드리고 액운을 물리치고 좋은 기운을 받는 등 신에게 큰 보살핌을 받는 유구한 행위입니다. 기도문을 효과적으로 외는 방법은 '조-상-님-미-소-를-지-어-주-세-요' 등을 한 음씩 늘리면서 차분한 마음으로 정성을 다해 외는 것입니다.

미-소-지-어-주-세-요

조-상-님-부-디-

상담 온 학생은 학교에 가는 것이 끔찍하게 싫었는데 '누군가에게 보살핌을 받고 있는 것 같아서 주변 친구들이 두렵지 않게 느껴졌다'는 후기를 말해주었습니다.

신기하게도 기도문을 계속 원 덕분에 행운이 찾아왔다

고 말하는 상담자들도 몇 있었습니다. 한 여성은 오랫동안 일이 없어서 정신적으로 피폐했는데 '어렸을 적 함께 살았던 할아버지를 떠올리며 기도문을 외었더니 1~2주 만에 일이 생겼다'라며 무척 기뻐했습니다.

이러한 현상이 전부 설명될 수는 없지만 초자연적 힘 외에 현실적인 이유를 짐작할 수 있는 실험이 있습니다.

2014년 〈실험사회심리학〉지에 실린 연구에서는 피실험자들에게 재밌는 동영상을 시청하되, 어떤 감정 표현도 나타내지 말라고 했습니다. 이러한 감정 억제는 정신적으로 매우 피로한 일입니다. 연구진은 피로해진 이들을 두 그룹으로 나누어, 한쪽은 자신이 선택한 주제에 관해 5분간 기도하게 하고(종교유무와 무관), 다른 한쪽에게는 주제에 관해 생각만 떠올리게 했습니다.

그다음으로 피실험자들은 모니터에 보이는 글자의 색을 말해야 했는데, 문제는 색과 글자의 내용이 다르다는 점이었습니다. 예컨대 'Red'라고 적혀 있지만 파란 글씨라면 '파란색'이라고 말해야 합니다. 이 또한 머리를 써야하는 지적 작업인데, 결과적으로 이 실험에서 훨씬 높은 점수를 기록한 것은 '5분간 기도를 한 그룹'이었습니다.

연구진은 유의미한 한 가지 원인으로 '사람들은 기도

할 때 신과 상호작용하고 있다고 여겼다'는 점을 들었습니다. 기도하며 느끼는 사회적 상호작용이 지적 활동에 도움이 되었다는 것입니다.

즉, 우리는 주변 사람들로부터 힘을 얻을 수도 있지만 기도를 통해 눈에 보이지 않는 존재와 교감하면서 긍정적인 영향을 받을 수 있습니다. 그래서인지 선택할 일이 수없이 많은 국가 원수들 중에는 공식적인 조찬 기도 외에 매일 아침 기도문을 40번씩 외는 이도 있다고 합니다.

참고로 제 경우 지인과 불미스러운 일이 생기거나 화나는 일이 생기면 상대방의 조상님을 생각하면서 기도문을 웁니다. 그러면 상대방의 조상님이 저의 편이 되어준 덕분인지, 저절로 관계가 회복된 경우가 많았습니다.

아무도 도와주지 않을 것 같은 외로움, 소외감, 고독감이 느껴질 때, 누군가 내 편이 되어줬으면 할 때, 부디 이 방법을 써보길 바랍니다. 당신은 혼자가 아닙니다.

🍀 조상님에게 내 편이 되어달라고 빌자.

트라우마를 잘게 부숴
긍정 에너지로 바꾼다

당신에게 들러붙어서 당신을 괴롭히고 옥죄는 기억이 있나요?

떼어낼 수 없을 것 같지만 방법만 알면 얼마든지 좋은 에너지로 바꿀 수 있습니다.

바로 '블랙홀과 화이트홀'이라는 활동을 통해서입니다.

어떻게든 과거를 뒤로하고 앞으로 나아가고 싶을 때 다음 순서를 따라해봅시다.

▸ 블랙홀과 화이트홀 ◂

① 나의 내면에 자리 잡은 극심한 불안과 답답함이 어디에 위치하는지 느껴본다.

② 불안덩어리를 몸 밖으로 꺼내는 모습을 떠올리고 그것의 색깔과 형태, 무게 등을 천천히 느껴본다.

③ 몸 밖으로 꺼낸 불안덩어리가 우주에 존재하는 천체 '블랙홀'로 빨려 들어간다고 상상한다. 블랙홀에는 강력한 중력이 존재해서 모든 것이 그 속으로 빨려 들어가고 일순간에 분해되어 작은 입자가 된다.

④ 분해된 미세한 입자는 블랙홀 출구에 있는 '화이트홀'로 흘러간다. 화이트홀은 블랙홀과 반대로 모든 것을 방출하는 천체다. 화이트홀을 통과한 물질이 반짝이는 금빛 입자로 변하는 모습을 떠올린다.

⑤ 반짝이는 금빛이 나에게로 돌아와 머리끝부터 발끝까지 온몸에 내리쬐는 모습을 떠올린다. 따뜻하고 아름다운 반짝임이 당신의 온몸을 감싼다.

요약하자면, 힘든 기억이 블랙홀과 화이트홀을 거쳐 여과되면서 아름답게 변신하고 당신에게 돌아오는 과정입니다.

①~⑤의 과정을 마음속 불안과 답답함이 풀릴 때까지 반복해보세요.

불안을 블랙홀로 밀어넣을 때는 천천히 숨을 내쉬고, 자신에게로 돌아온 반짝임을 맞이할 때는 숨을 들이마십니다. 반짝이는 금빛이 쏟아져 내리며 온몸의 세포 하나하나로 스미는 모습을 떠올리면 최고입니다!

기분 나쁘고 떠올리기조차 싫은 기억이 당신을 환히 빛나게 하는 긍정 에너지로 바뀔 겁니다. 가능하다면 반짝이는 빛이 자신의 온몸에서 흘러넘치는 모습까지 떠올려보세요.

온몸이 에너지로 넘쳐흐르고 의욕도 저절로 생길 것입니다.

🍀 '블랙홀과 화이트홀'을 통해서 불안함을 반짝임으로 교체!

제6장

'쉽게 즐거워지는 마음'을
어느새 되찾는 습관

오랫동안 불안 속에 갇혀 살면
뭘 좋아하는지도 모르겠고
설레는 기분도 느낄 수 없습니다.
이럴 때 추천하는 것이
'뭔가를 느끼는 마음'을 되찾는 습관입니다.

가장 쉽고 간단히
행복해지는 방법

일상을 살아가다 보면 그날이 그날인 쳇바퀴 도는 매일이 답답하고 우울하게 느껴지곤 합니다.

여기에는 아주 간단한 대처법이 있습니다. 학교나 직장에서 집으로 돌아가는 '귀갓길'을 바꿔보세요. 또는 쇼핑이나 외출할 때 주로 이용하던 길이 아닌 다른 길로 가보거나, 산책 코스를 바꿔보는 것도 좋습니다.

평소와 다른 길을 걷다 보면 '새로운 것'이 눈에 들어옵니다. 그것만으로도 조금 더 행복해질 수 있어요.

새로운 자극이 들어오면 우리의 뇌는 신경 전달 물질

인 '도파민'을 방출합니다. 도파민은 행복 호르몬의 일종으로 쾌감과 행복감, 두근두근한 설렘을 불러일으킵니다. 그래서 '평소와 다른 길로 가보기'라는 아주 작은 새로운 경험만으로도 기운을 북돋을 수 있는 것입니다.

다른 골목으로 귀가를 하다 보면 새로운 가게를 발견할 수도 있고, 마주치는 사람들의 분위기도 다를 겁니다. 때로는 사랑스러운 고양이나 강아지, 마음에 드는 꽃과 나무를 발견할 수도 있지요.

걷던 길을 바꾸는 것만으로도 매너리즘에 빠진 일상에 새로운 활력의 바람을 불어넣을 수 있답니다.

🍀 귀갓길을 바꿔보자.

좋아하는 게 없을 땐
'옷장'부터 열어라

자신의 감정이나 이야기를 털어놓아도 들어주는 사람이 없는 환경에 오랫동안 노출되면 자신이 무엇을 좋아하는 지조차 모르겠는 경우가 있습니다.

"뭐든 괜찮습니다. 혹시 좋아하시는 것이 있나요?"

카운슬링을 진행하면서 이렇게 물으면

"글쎄요. 딱히 없는데요…"

라고 답하는 상담자가 많습니다.

이런 분들에게 추천하는 것이 '마음이 설레지 않는 물건을 버리자'라는 활동입니다.

좋아하는 것이 뭐냐고 물어도 대답하지 못하는 사람도 본인이 꺼리거나 싫은 것은 쉽게 대답합니다. 그러니 싫거나 설레지 않는 것부터 먼저 걸러내는 작업을 진행해보는 것입니다.

이렇게 걸러내고 남은 것이 결국 좋아하는 것인 셈이니까요.

버릴 때는 제일 먼저 '옷'부터 시작하는 것이 좋습니다.

많은 분들이 예전에 사놓고 지금은 거의 입지 않는 옷을 옷장에 그대로 방치하고 있습니다. 꺼내 입으려고 하면 별로 내키지 않거나 마음에 들지 않았던 옷들, 이 기회에 전부 버려주세요.

유행이 한참 지난 옷이나 별로 좋아하지 않는 옷, 비싸게 주고 샀지만 왠지 자신에게 어울리지 않는 옷을 눈 딱 감고 버리세요.

좋아하지 않는 것을 하나씩 버리는 행위로 상쾌함을 느낄 수 있는 데다 좋아하고 애착이 가는 옷들만 남게 되어, 마지막에 옷장을 보면 기분이 최고조가 됩니다.

좋아하는 물건에 둘러싸였을 때의 두근거림을 되살리기. 이것이 당신이 자기 자신을 되찾는 첫 번째 단계입니다.

물론 물건을 잘 버리지 못하겠는 분들도 있을 것입니다.

사실 저 또한 그런 편이라서 어려웠는데, 처분할 물건에 대고 "지금까지 고마웠어!"라고 말하고 버렸더니 죄책감이 조금은 덜 느껴졌어요.

그리고 주변 물건에 대해 감사함을 느끼면서 살면 신기하게도 행운까지 딸려오는 것을 느꼈습니다. 이 역시 '버리기'의 효과 중 하나가 아닐까 싶습니다.

🍀 설레지 않는 옷을 모두 버리자.

꼭 오후1시에 배를
출렁출렁 마사지하는 이유

자주 불안을 느끼는 사람은 늘 그런 관점으로 주변을 봐왔기에 이미 뇌에 '불안을 빠르게 찾아내는 회로'가 만들어져 있습니다. 그래서 뭘 봐도 불안할 거리만 눈에 들어오고 즐거움을 발견하는 법을 모르는 경우가 많습니다.

이는 긍정적인 감정은 쉽게 지워진다는 사실과도 관련이 있습니다.

예를 들어 당신이 맛있는 음식을 배불리 먹어서 행복하다고 합시다.

그런데 만일 '배가 든든해서 행복하다'라는 긍정적인 감정이 언제까지나 지속되면 다음 끼니를 먹으러 나설 마음이 생기지 않겠지요. 즉 긍정적인 감정이 너무 오래 지속되어도 살기 힘듭니다.

한편 쉽게 지워지지 않는 것이 부정적인 감정입니다.

'그 장소에 갔더니 무서운 일을 당했다' '그 사람을 마주칠 때마다 어색하다' 등 부정적인 감정이 오래 지속되면, 그런 위험이 도사리는 장소에는 가까이 가지 않게 됩니다. 부정적인 감정을 잊지 않음으로써 우리는 자기 자신을 지키는 것입니다.

그렇다고 하루 중 대부분의 시간을 부정적인 감정을 품은 채 보낸다면 사는 게 재미없고 피폐해지겠지요.

이때 꼭 해봤으면 하는 활동이, 하루에 20분씩 같은 시각에, 자신이 좋아하는 일이나 즐거운 일을 하는 것입니다. 며칠 동안 계속해서 같은 시간대에 긍정적인 감정으로 온몸을 샤워하는 작업이지요.

이렇게 하면 딱히 뭘 하지 않아도 같은 시간대가 될 때마다 괜스레 기분이 좋아집니다.

여담이지만 저는 다이어트용 진동 머신으로 배를 출렁출렁 마사지하는 것을 좋아합니다. 그래서 한동안 정오가 조금 지난 시간대에 마사지를 했는데, 머신을 틀지 않아도 그 시간대가 되면 저절로 즐거워지더군요.

만일 좋아하는 일이나 즐거운 일이 떠오르지 않는다면 몸의 긴장을 풀어주는 여유로운 일들도 좋습니다! 예를 들어 집 밖으로 산책하러 나가거나, 좋아하는 커피를 마시거나, 아로마오일을 함유한 핸드크림을 바르거나, 따뜻한 안대를 착용하는 일 말입니다.

한 가지 활동이 20분도 채 걸리지 않는다면 두 가지 활동을 연이어 해보세요. 합쳐서 20분 정도면 됩니다.

일주일 동안 지속하면 좋은 효과를 기대할 수 있을 거예요.

> ❀ 매일 20분, 같은 시간대에 좋아하는 일이나 즐거운 일을 하자.

웃을 일이 저절로
많아지는 습관

'지진을 겪은 이후 불안 증세가 심해져서 외출하기가 두렵다'며 찾아온 상담자가 있었습니다. "세상에 끔찍한 일이 많이 일어나니까 무서워서 집 밖으로 나가지 못하겠어요. 출근하는 것조차 뜻대로 되질 않아요"라고도 말했습니다.

이 상담자에게 제가 부탁한 일은 '하루에 세 가지, 좋았던 일을 찾아서 종이에 써보기'입니다. 왜 그 일이 좋았는지 이유도 함께 적으라고 했습니다.

"안 될 것 같습니다. 매일 불안해서 좋은 일이 하나도 없는데요. 찾기 어려울 것 같아요"라며 거부한 상담자였지만 "그런 말씀 마시고 가족이나 동료에게 '오늘 나한테 어떤 좋은 일이 있었지?'라고 물어봐도 좋으니 일단 해보세요!"라고 설득했고 상담자는 마지못해 승낙했었죠.

상담자는 처음에는 뭘 써야 할지 몰라서 당황스러워했지만 '오늘은 산책을 했다. 몸을 움직이니 좋았다' '아침밥을 맛있게 먹었다. 함께 밥을 먹을 수 있는 사람이 있어서 감사하다' '집 밖의 푸르른 녹음이 멋지다고 느껴졌다. 그런 걸 느낀 나 자신에게 감동했다' 등 차츰차츰 좋았던 일을 세 가지씩 찾아서 적을 수 있게 되었습니다.

활동을 실천한 지 3개월이 지났을 무렵, "하루에도 이렇게나 좋은 일이 많네요!"라며 상담자는 환한 웃음을 되찾았고 자기 자신을 다시 꾸미기 시작하면서 그토록 바라던 직장 복귀도 이뤄냈습니다.

이 상담자처럼 오랜 기간 불안 속에 머물러 있으면 '좋은 일'을 찾아내는 안테나에 녹이 슬고 맙니다.

이럴 때는 좋은 일을 찾는 데 오감을 총동원하는 것이

가장 좋은 방법입니다. 시각, 청각, 후각, 미각, 촉각을 통해서 자신에게 들어오는 '편안한 감각'에 집중해봅시다.

'걷다 보니 스쳐 지나가는 바람결이 기분 좋았다' '새소리를 들으니 마음이 상쾌하고 맑아졌다' '이불의 폭신한 촉감이 기분 좋았다' 등이요.

긍정심리학의 창시자이자 펜실베이니아 대학교의 마틴 셀리그먼(Martin Seligman) 박사의 2005년 연구에 따르면, 좋았던 일 세 가지 쓰기 활동을 일주일 동안 매일 밤 자기 전에 했더니 행복도가 상승했고 서글픈 마음이 드는 증상이 개선되었다고 합니다. 또한 그 효과가 6개월이나 지속되었다고 해요.

의식적으로 '좋았던 일 찾아보기'를 꾸준히 하는 것이 중요하기에, 만일 세 가지가 어렵다면 한 가지라도 좋습니다. 계속하다 보면, 좋은 일을 찾으려는 마음의 필터가 강화되고 그에 따라 행복도가 상승하여 불안이 줄어들 겁니다.

🍀 하루에 세 가지씩, 좋았던 일을 적어보자.

램프를 문질러
미래의 불안을 지운다

'왠지 모르게 미래에 대한 희망이 없어.'

'앞으로가 지금보다 더 행복할 것 같지 않아.'

'나는 고작 이 정도일 뿐이야….'

이렇게 느껴진다면 바로 자기 자신에게 브레이크를 걸고 있는 상태입니다.

그리고 이런 상태야말로 '램프의 요정'을 불러내어야 할 때 입니다. 저는 이 방법을 소아정신의학과 고노 마사키(河野政樹) 선생님에게 배웠습니다.

혹시 디즈니 영화 〈알라딘〉을 본 적이 있나요? 거기에 나오는 램프의 요정 '지니'의 마법을 빌려서 당신이 스스로에게 건 제동을 풀어봅시다.

다음과 같은 순서로 시도해보세요.

① 내 눈앞에 '램프의 요정'이 나타났다고 상상한다. 램프의 요정이 어떤 소원이든 다 들어주겠다고 한다면 어떤 소원을 빌겠는가? 구체적으로 생각해보자.

② 소원이 이루어진 당신은 어떤 기분인가? 보이는 것, 들리는 것, 몸에 닿는 느낌을 이미지화해보자.

〈예시〉 당신의 소원이 '책을 출판하는 일'이라면…

갓 인쇄되어 나온 자신의 책에 둘러싸여, 친구와 동료들에게 축하 인사를 받는다. 차기작을 집필하기 위해서 등받이가 있는 고급 데스크 의자에 앉아 있다 등.

③ 그 행복하고 기분 좋은 상태를 누리려면, 당신에게 어떤 능력과 자격이 필요할까? 누구와 함께 배우면 그 상태를 이룰 수 있는가? 구체적인 이미지를 떠올려본다.

④ 달력이나 다이어리에 소원이 이루어지는 날짜를 정해서 동그라미 표시를 한다.

⑤ 소원을 이룬 당신은 어떤 인물이 되어 있는가? 말로 표현해보자. 또한 소원을 이룬 것은 당신의 인생에서 어떤 의미인가? 예를 들어 '기쁨' '재미' '사명' '책임' 등.

〈예시〉 불안감을 덜어주기 위한 책을 출판한 나는 세상 사람들을 치유하고 행복을 도와주는 인물이 되었다. 그렇게 되는 것이 나의 사명이다.

⑥ 당신의 꿈을 실현하는 데 가로막고 서 있는 것은 무엇인가? 구체적으로 생각해보자.

⑦ 꿈을 이루려면 어떤 것부터 시작하면 좋겠는가? 구체적으로 생각해보자.

여기까지의 순서에 따라 이미지를 잘 그려왔다면, 당신은 꿈의 출발선에 서 있는 것과 마찬가지입니다. 이제 한 발만 내디디면 돼요.

참고로 '램프의 요정'이란 당신의 현재의식이 건 '제약'을 풀고 잠재의식을 꺼내주는 존재입니다.

마음속 불안이 심하면 뭘 해도 잘 안 될 것 같은 기분이 들고 대개 '나는 절대로 못한다. 어렵다. 할 수 없다'라는 제한을 스스로 겁니다.

'돈이 없으니까 자격증 공부를 할 수 없다' '시간이 없으니까 창작 활동을 할 수 없다' 등 불가능한 이유만 보여서, 정작 자신을 행복하게 만들기 위한 행동은 실천에 옮기지 못합니다.

그러나 현재 의식이 건 제약을 풀면, 당신에게 이룰 수 있는 꿈이 아직 많다는 사실을 깨달을 수 있습니다.

그리고 용기를 내서 그를 위한 첫 시도를 실천할 수 있다면 지금보다 훨씬 더 희망에 찬 설레는 매일을 보낼 수 있을 것입니다.

> 🍀 '램프의 요정'에게 마법의 힘을 빌리자.

이상형에 꼭 맞는
반려자를 끌어당기는 법

미래를 생각하면 불안하다고 말하는 사람들 중에 '과연 미래에 내가 바라는 배우자를 만날 수 있을까? 못 만나겠지?'라며 우울해하는 분들도 꽤 많습니다.

물론 상대방이 존재해야 하는 문제라서 자신의 힘으로 어찌 할 수 없는 감도 들겠지요. 하지만 원하는 사람을 못 만날까 봐 불안해하는 당신이 꼭 해봤으면 하는 것이 있습니다. '이상적인 반려자를 끌어당기는' 활동입니다.

이 방법을 실천하다 보면 이상형과 마주쳤을 때 '바로 이 사람이다!'라고 알아차릴 수 있습니다.

① 먼저 당신의 이상형을 떠올려본다. 그 사람의 체격은? 복장은? 어떤 일을 하고 어떤 유형의 사람인가? 가능한 한 구체적으로 떠올린다.

② 당신과 그 사람이 주인공인 로맨스 영화를 시청한다는 생각으로 둘의 일상생활을 머릿속에 그려보자. 어떤 집에 사는지, 날씨와 계절은 어떤지, 둘이서 어떤 표정과 몸짓으로 대화를 나누는지 등 구체적으로 떠올린다.

③ 영화 속에서 당신은 어떤 표정을 짓고 어떻게 행동하는가? 자세, 걸음걸이, 얼굴 표정, 말투 등 구체적으로 떠올린다.

④ 영화 속의 자신을 끌어안고 자신의 몸에 녹인다. 녹아들어간 몸의 눈으로 바라본 세상은 어떤지 느껴보자. 주변이 밝고 환한지, 어떤 색인지, 자신의 시야나 눈높이는 어떤지 등을 느껴보자.

⑤ 영화 속의 자신이 되어서 돌아다녀보자. 지금까지

의 자신과 다른 점은 무엇인지, 자세와 얼굴 표정, 말투 등 구체적으로 느껴보자.

⑥ 영화 속의 자신이 되어서 그 사람과 함께 지내는 모습을 떠올린다. 같이 웃을 때, 식사할 때, 편하게 쉴 때 등 어떤 행복감이 밀려오는지 맛본다. 어떤 기분이 드는가? 신체가 느끼는 편안함의 정도는?

⑦ 그런 것들을 느끼면서 양손을 가슴에 대고 "앞으로 우린 늘 함께야"라고 중얼거린다. 한 번 손을 뗐다가 다시 가슴에 대고, 행복감이 돌아오는 것을 확인한다.

⑧ 기상 후와 취침 전에 가슴에 손을 대고 이상형과 함께 지냈을 때의 행복한 기분과 그때 느꼈던 감각들을 되살려 음미한다.

이를 반복하면 당신의 바람이 잠재의식까지 스며들어, 소망이 이루어지는 방향으로 당신의 삶을 이끌어갑니다.
뇌의 검색 엔진이 당신과 같은 종류의 행복감을 느끼는 상대

방을 자동으로 찾아내고, 동시에 당신의 행동들도 당신이 머릿속으로 그린 대로 바뀌기에 지금까지 끌어당겼던 것과는 다른 유형의 사람을 끌어당길 것입니다.

이렇게 꿈이 이미 이루어진 것처럼 행동하는 것을 '예축(豫祝)'이라고 합니다.

일본의 피겨 스케이팅 선수 하뉴 유즈루(羽生結弦)는 2014년 소치 올림픽으로 향하는 비행기 안에서 눈물을 흘렸다고 합니다. 이유는 올림픽 대회장에서 최고의 연기를 펼친 자신을 머릿속에 선명하게 그릴 수 있었고 너무 기쁜 나머지 울음이 나왔기 때문입니다. 대회 결과는 모두가 알다시피 금메달 우승이었지요.

우리의 몸동작과 표정을 통제하는 것은 깨어 있는 의식이 아닌 잠재의식입니다.

영국의 심리학자 게일 마라(Gail Marra)는 잠재의식이 수많은 의사결정, 행동, 감정을 통틀어 '삶의 95퍼센트'를 관장한다고 말합니다. 그에 따르면 잠재의식은 ❶'습관에 바탕한다' ❷'모든 것을 말 그대로 받아들인다. 긍정적인 말("이루어질 수 있다")이든 부정적인 말("이루어지지 않을

258

거야')이든 가리지 않는다' ❸'항상 현재에 초점을 맞춘다'
는 특징을 가지고 있습니다.

그러니 '반려자를 만나지 못하면 어쩌지' 같은 부정적
말이나 '나는 반려자를 만나게 될 거야' 같은 예상보다는
'나는 내 이상의 반려자와 함께 보내고 있어'라고 현재 시
점으로 머릿속에 그리는 습관이 중요합니다.

늘 바라던 이상의 반려자와 함께 보내고 있는 것처럼
행동하세요. 그런 상대를 끌어당길 수 있는 멋진 자신의
모습에 가까워질 겁니다!

🍀 이상형과 함께 보내는 행복을 미리 즐겨보자.

제7장

'두근두근 기분 좋은 내일'이
지금 시작되는 습관

잠들기 전에
그날의 울적함을 리셋합시다.
내일을 위한 행복 씨앗을 심는
멋진 방법을 소개하겠습니다.

자고 싶은데 좀처럼
잠이 안 올 때

늘 긴장도나 불안이 높은 사람은 '편하게 쉬라'고 해도 좀처럼 쉬지 못합니다.

이럴 때는 일부러 몸에 힘을 줬다가 빼는 '점진적 이완법(Progressive relaxation)'을 하면 긴장이 풀린 편안한 상태를 쉽게 만들 수 있습니다.

점진적 이완법은 미국의 에드먼드 제이콥슨(Edmund Jacobson) 의사가 개발한 릴랙제이션(Relaxation, 이완) 기법입니다. 미군이 이 기법을 채택했더니 극심한 스트레스 상황에 놓인 군인 중 96퍼센트가 120초 이내에 잠들 수 있었다고 해요. 그 정도로 효과가 좋은 방법입니다.

저의 클리닉에서는 의자에 앉은 상태에서 다음과 같이
진행합니다.

‣ 점진적 이완법 ‹

① 코로 숨을 들이마시고 멈춘다.

② 숨을 멈추는 동안(3~5초) 승리의 포즈(기쁘게 "YES!"
   를 외칠 때처럼 주먹을 쥐고 팔꿈치를 구부리면 된다)를
   취하며 어깨에 힘을 준다.

③ 입으로 숨을 내뱉으면서 어깨 힘을 빼고 아래로 떨
   군다. 이때 어떤 느낌인지, 힘을 뺀 어깨 쪽으로 의
   식을 집중시킨다.

④ ①~③을 세 번 반복한다.

이것이 기본입니다. 이후 양다리 → 얼굴 → 어깨 → 목
의 순서로, 같은 방식으로 호흡에 맞춰 힘을 줬다 뺐다를
각 3회 반복하세요.

◦ 양다리 — 의자에 앉은 상태로 종아리를 쭉 펴면서

바닥과 평행이 될 때까지 다리를 들어 올린다. 발목을 직각으로 구부렸다가 발가락 끝을 바닥과 평행하게 폈다가 → 툭 하고 양다리를 바닥으로 떨어뜨린다.

◦ 얼굴 − 눈을 감고 이를 꽉 깨물었다가 → 힘을 빼고 '아' 하고 입을 벌린다.
◦ 어깨 − 어깨를 으쓱 위로 올렸다가 → 툭 하고 아래로 떨군다.
◦ 목 − 목의 무게를 느끼면서 천천히 돌린다.

여기까지 하면 대다수의 상담자가 '졸음이 온다' '몹시

차분해졌다'라는 말을 합니다. 실제로 하품하는 사람도
무척 많고요.

점진적 이완법만으로도 충분히 몸의 긴장을 풀 수 있
고 기분 좋은 나른함을 느낄 수 있는데, 제 경우에는 잠
들기 전에 이완법을 하고 나서 이불 속으로 들어가 추가
로 릴랙제이션 호흡법을 합니다.

‣ 릴랙제이션 호흡법 ◂

① 코로 숨을 들이마신다. 공기의 흐름을 의식하고 공
  기 중의 온도(차가움)를 느낀다.

② 입으로 숨을 내뱉는다. 내뱉은 숨의 따스함을 의식
  하면서 숨을 내뱉음과 동시에 전신에서 힘을 뺀다
  고 생각한다. 목구멍을 지나는 공기도 의식해서 느
  껴본다.

③ ①~②를 세 번 반복한다. 호흡 중간에는 '어떤 생
  각이 떠올라도 따라가지 않는다'라고 정하고 뭔가
  떠오를 것 같으면 곧바로 호흡으로 의식을 집중시
  킨다.

이렇게 호흡하다 보면 스르륵 잠들게 되니 꼭 한번 해
보길 바랍니다.

몸에 여유가 생기면 마음에도 여유가 생기는 법입니
다. 그러니 긴장하거나 예민해서 잠이 잘 오지 않을 때는
제일 먼저 신체의 긴장을 풀어주세요. 몸이 나른해지고
긴장도 풀렸을 때 "마음이 차분해져" "느긋하네" 등의 감
상을 실제로 소리 내어 말하면 더욱 효과적입니다.

> ✤ 점진적 이완법으로 손과 발에 힘을 줬다 뺐다를 반
> 복하자.

잠이 잘 오는
이불을 덮자

한 가지 더, 잠이 오지 않을 때 매우 효과적인 방법이 있습니다. 덮는 이불을 무거운 것으로 바꿔보세요.

'뭐? 무거운 것으로? 폭신하고 가벼운 이불이 오히려 스트레스도 덜 받고 잘 잘 수 있을 것 같은데…'

이렇게 생각하는 독자분들도 많을 겁니다. **그렇지만 최근 한 연구에 따르면 불면증 환자가 무게감 있는 이불을 사용했더니 증상이 뚜렷이 개선되었다고 합니다.**

스웨덴의 세계적인 의학 연구기관인 카롤린스카(Karolinska) 연구팀은 우울과 불안 장애로 불면증 진단을 받은 성인 120명에게 다음과 같은 실험을 진행했습니다.

우선 연구팀은 피실험자를 무작위로 두 그룹으로 나누었습니다.

❶ 무거운 이불(8kg*)을 사용하는 그룹

❷ 가벼운 이불(1.5kg)을 사용하는 그룹

* 8kg이 너무 무겁다고 한 사람에게는 6kg의 이불을 지급함.

그리고 다 함께 4주를 보냈습니다.

그 결과 ❷ 가벼운 이불을 사용한 그룹에서 불면증이 개선된 경우는 3.6퍼센트인 데 반해, ❶ 무거운 이불을 사용한 그룹은 42.2퍼센트나 개선되었습니다. 가벼운 이불을 사용했던 그룹보다 무려 열 배나 좋은 결과를 얻은 것이죠.

또한 실험 종료 후에 희망자에 한해서 좋아하는 이불을 선택하게 하고(대부분의 환자가 무거운 이불을 선택) 추가로 12개월 동안 생활하도록 했습니다. 그러자 첫 실험에서 가벼운 이불을 사용했으나 무거운 이불로 바꾼 사람도 동일하게 불면증 증상이 개선되었습니다. 12개월 후에는 무거운 이불을 사용한 사람의 78퍼센트나 불면증이 개선되었다고 합니다.

이에 대해서 카롤린스카 연구팀은, 이불의 무게에 의해 체내 근육과 관절에 자극이 전달되어 지압이나 마사지 같은 효과를 얻은 것이라는 분석을 내놓았습니다.

이를 참고로 잠이 오지 않을 때는 덮는 이불의 수를 늘리는 등 무게감을 조정해봅시다.

덧붙여, 사람은 잠을 자지 않고 계속 깨어 있을 수는 없습니다. 2~3일 동안 불면이 지속되어도 어느 날 마치 전원이 뚝 끊긴 로봇처럼 푹 쓰러져 잠들기 마련입니다. 그러니 잠이 오지 않을 때는 억지로 자려고 하지 않아도 괜찮습니다. 잠이 잘 오지 않아도 너무 예민하게 신경 쓰지 않는 것이 중요합니다.

🍀 덮는 이불을 무겁게 바꿔보자.

혹시 쉬는 게
불안한가요?

성실하고 금욕적인 사람들 중에 잠을 자거나 쉬는 것에 대해 죄책감을 느끼는 사람이 많습니다.

이런 분들은 '쉬는 것은 나태한 행위'라고 무의식적으로 생각합니다. 그래서 항상 바삐 움직이며 뭔가를 하지 않으면 불안해합니다.

'다들 열심히 사는데… 나도 더 분발해야 해'

'7시간이나 자다니…. 난 정말 게으름뱅이야'

등 휴식을 취하는 자신을 다그치거나 속으로 추궁합니다.

이런 사람들의 대다수는 "그렇게 말씀하지만 제가 봤을 때는 다른 사람들에 비해서 지나칠 정도로 열심히 하고 계세요!"라고 제가 말해도 "아뇨, 그렇지 않아요. 남들이 훨씬 더 열심히 살고 있는걸요…"라며 자신이 상당히 노력하고 있다는 사실을 좀처럼 받아들이지 못합니다.

이렇게 잘 쉬지 못하는 사람에게는 '정기적으로 휴식을 취하고 몸과 마음을 재충전하는 것도 일의 일환'이라고 조언합니다. 가치 있는 일로 느껴질 수 있도록요.

쉬지 않고 무리해서 계속 움직이면 피로가 누적되어 몸상태가 점점 악화됩니다. 그 결과, 의지와 상관없이 아주 오랫동안 쉬어야 하는 상황이 벌어지기도 하지요. 그렇게 되면 오히려 주변 사람에게 피해를 주게 됩니다. 쉴 수 있을 때 쉬는 것은 나태한 게 아니라 사회인으로서 반드시 필요한 일입니다.

휴식을 바라보는 태도가 얼마나 중요한지 알아본 실험이 있습니다.

〈실험사회심리학저널〉지의 한 연구에서는 친구와 놀기, TV 시청, 명상 등 일상의 휴식이 얼마나 즐거웠는지,

또는 그 시간이 낭비였다고 생각하는지를 묻고 참가자들의 행복도를 측정했습니다. 그 결과 휴식이 시간 낭비였다고 믿는 사람일수록 우울, 불안, 스트레스 등 여러 정서 장애를 보다 심하게 나타냈습니다.

이어서 연구팀은 참가자들을 총 네 그룹으로 나누어 〈뉴욕타임스〉에 실린 기사라며 서로 다른 내용을 읽게 했습니다.

각 내용은 '휴식은 시간 낭비다' '휴식은 비생산적이다' '휴식은 생산적인 시간이다' 그리고 관련 없는 '커피머신 이야기'였습니다.

그다음 참가자들은 유쾌한 고양이 영상을 시청하고, 영상이 얼마나 재밌었는지를 평가했습니다.

그러자 '휴식은 시간 낭비다' '휴식은 비생산적이다'라는 기사를 읽은 사람들이 다른 그룹보다 영상을 보고 즐거움을 덜 느끼는 결과를 보였습니다. 쉬는 것을 부정적으로 평가할수록 제대로 휴식을 취하지 못한다는 의미입니다.

휴식 자체도 중요할 뿐더러 휴식을 어떻게 바라보느냐도 쉬는 시간의 질에 영향을 미치니 생각의 전환이 필요합니다.

　또 하나, 제대로 쉬지 않는 것의 부작용으로 당신이 끊임없이 일하면 주변 사람도 분명 신경 쓰이게 된다는 점이 있습니다.

　만일 당신이 조직의 리더인데 주말에도 쉬지 않고 일한다면, 그 모습은 부하 직원에게 무언의 압박으로 작용할지도 모릅니다.

　반대로 젊은 당신이 휴일에 출근하면 감독 역할을 하는 상사도 출근해야 할지도 모르고요.

　그러니 자신을 위해서는 물론, 주변을 위해서라도 쉴 수 있을 때는 여유롭게 쉬고 부족한 잠도 자두도록 합시다.

정말 힘을 내야 할 때 더 힘을 낼 수 있도록 충분히 쉬면서 에너지를 보충하는 재충전의 시간을 잊지 마세요!

🍀 '쉬는 것도 일의 일환'이라고 생각하자.

낮 동안의 나를 밤까지
데려가지 않는다

낮에 안 좋은 일이 있었는데 잠들 시간이 됐어도 기분이 영 풀리지 않고 울적하다, 이대로 잠들면 왠지 잠자리가 뒤숭숭할 것 같다…. 이런 날이 있지 않나요?

그렇다면 잠들기 전, 그날 있었던 기분 나쁜 일을 떠올리고 머릿속의 칠판 지우개로 쓱쓱 지워버립시다.

낮에 저질렀던 실수나 누군가에게 들었던 기분 나쁜 말 등 자신을 불안하고 침울하게 만드는 일을 하나씩 하나씩 깨끗하게 지워내는 것입니다.

이와 동시에 지울 때는 손과 발에 들어간 힘을 빼보세요.

그러면 기분 나쁜 일이 말끔히 지워지고, 몸과 마음이 가벼워진 이미지가 선명해져서 기분 좋게 잠들 수 있습니다.

이는 스웨덴 웁살라 대학교의 에밀리 홈스(Emily Holmes) 박사가 제시한 '대조적 상상(Counter-imagery)'에 바탕한 활동입니다. 안 좋은 기억이나 이미지를 지우는 상상을 하여 긍정적인 이미지나 좋은 경험으로 대체하는 기법이지요.

홈스 박사는 실험 참여자들에게 실제로 일어난 불쾌한 사건이나 기억을 떠올리게 하고, 이를 지우개로 지운 후 반대로 긍정적이고 유쾌한 이미지를 그려보도록 유도했습니다.

이 과정을 반복하자, 참여자들에게선 부정적인 감정의 영향력이 약화되고 감정적인 회복 증상이 나타났다고 합니다.

안 좋았던 경험을 생각에서 지우고 기분 좋게 잠드는 것은 기억의 측면에서도 매우 중요합니다.

뇌는 잠자는 동안에 그날 있었던 일을 반추해서 기억에 저장시킵니다. 그래서 자기 전에 기분 나쁜 일을 생각하면 그 일은 부정적인 기억으로 뇌리에 정착하고 맙니다.

그러니 오늘의 안 좋은 기분이 내일로 이어지지 않도록, 지우개로 지우는 이미지 활동을 아예 잠들기 전의 습관으로 들여봅시다.

🍀 머릿속에 떠오른 안 좋은 일을 지우개로 지우자.

생각이 많은 사람도
스륵 잠드는 습관

따뜻한 이불 속이라 편안하고 좋지만 이만저만 신경 쓰이는 일이 많아서 잠이 잘 오지 않는 밤이 있지요. **그런 밤엔 이불 밖으로 나와서 '저널링(Journaling)'을 해보세요.**

'수기 명상'이라고도 하는데 머릿속에 떠오른 것을 모조리 종이에 적는 활동입니다. 신경 쓰이는 일이나 이유 모를 불안감을 종이에 써 내려가다 보면 머릿속이 정리되어서 속이 시원하고 기분도 가벼워집니다.

저널링의 효과는 매우 놀랄 만한데 행복감과 면역력의

상승은 물론 취업률이 높아졌다는 통계까지 나오고 있습니다.

미국 텍사스 대학교 심리학과의 제임스 페니베이커(James Pennebaker) 교수는 다음과 같은 조사를 진행했습니다.

실업자인 피실험자들 중 일부에게 매일 20분 동안 저널링을 5일 연속 실천하도록 했습니다. 그런 후에 추적 조사로 8개월 후의 취업률을 조사한 결과, 저널링을 하지 않은 실업자에 비해서 저널링을 한 실업자의 취업률이 무려 40퍼센트나 높았다고 합니다.

아무래도 저널링을 했던 실업자는 머릿속의 이런저런 생각과 고민을 종이에 적어 그때마다 답답한 기분을 해소하였고, 덕분에 스트레스였던 취업 활동을 극복할 수 있었던 것 같습니다.

또한 제임스 교수는 다른 조사도 진행했는데 피실험자를 ❶감정적으로 큰 영향을 받은 일을 적는 그룹, ❷감정과 관계없는 일상적인 일을 적는 그룹으로 나누었습니다.

기록을 20분씩 3일 연속 진행한 결과, 감정에 영향을 미친 일들을 적은 ❶그룹은 심신의 건강이 크게 호전되었습니다. 더구나 몇 개월이 지나도 혈압 저하, 면역 기능 상승, 통원 횟수 감소, 행복감 상승이 지속되었다고 합니다.

이렇게 놀라운 효과를 자랑하는 저널링!

방법도 매우 간단합니다. 종이와 펜만 준비해서 3~15분 동안 머릿속에 떠오른 것을 멈추지 않고 열심히 적으면 끝입니다.

다만 적을 때는 펜을 쥔 손을 멈추지 않는 것이 중요합니다.

쓸 거리가 생각나지 않을 때도 '쓸 게 없다. 쓸 게 없다. 아무것도 떠오르지 않는다. 뭔가 없나…'라고 머릿속의 생각을 그대로 적으세요.

얼마 지나면 '…왠지 배가 고픈데' '나 자신과 마주하고 있는 나, 기특하네?' 등과 같은 두 번째 사고가 시작되니 이런 것들도 모두 종이에 적습니다.

처음에는 3분 정도만 해보고, 종이에 뭔가를 적을 수 있게 되면 조금씩 시간을 늘려나가세요. 그래야 스트레스로 다가오지 않고 부담스럽지 않습니다.

15분 동안 적을 수 있게 될 때까지 꼭 지속해보세요.

그렇게 되었을 때 생각이 많아 잠들지 못하는 당신은 더 이상 없을 것입니다.

회사 동료와의 문제로 고민하던 어느 여성 상담자는 오랜 기간 불면증으로 고생했는데, 저널링으로 머릿속의 이런저런 생각을 종이에 쓰기 시작한 지 3일째 되던 날 스르륵 잠들었다며 기뻐했습니다.

생각을 비울 뿐만 아니라 해소되지 못했던 부정적인 감정으로부터 회복하는 데에도 저널링은 매우 좋은 습관입니다.

마음속의 불안감을 내일로 가져가지 마세요. 잠들기 전에 모두 밖으로 꺼내놓읍시다. 그리고 홀가분해지기만 하면 됩니다!

> ♣ 잠들기 전 이런저런 생각을 종이 위에 다 쏟아내는 저널링을 하자.

오늘 하루 불안과 싸운
나에게 선물을!

하루를 마무리할 때 열심히 노력한 자신에게 선물을 주는 것도 멋진 일입니다.

'오늘 하루도 애썼어. 오늘의 나도 참 좋았지! 정말 수고 많았어. 잘 자!'

라며 스스로를 위로하고 인정하는 말을 자신에게 건네면 행복한 기분으로 잠들 수 있습니다.

2005년, 영국의 공영방송 BBC에서는 행복해지는 법에 관한 대규모 실험을 진행했습니다.

'슬라우 행복하게 만들기'라는 프로젝트로, 런던에서 약 4킬로미터 떨어진 작은 도시 슬라우(Slough)의 주민들에게 3개월간 매일 열 가지 행복수칙을 지키게 한 것입니다. 이 수칙들은 심리학, 의학, 사회학 분야를 망라한 전문가들이 머리를 맞대고 함께 선정한 것이었죠.

그 결과, 주민들은 3개월 전보다 무려 33퍼센트 증가한 행복감을 보였으며 '인생이 만족스럽고 흥미진진하게 바뀌었다'며 입을 모아 말했습니다.

이때 활용되었던 행복의 수칙 열 가지는 바로 '운동하기' '친절 베풀기' '식물 가꾸기' 'TV 보는 시간 반으로 줄이기' '친구에게 전화하기' '크게 웃기' '좋았던 일 떠올리기' '대화하기' '자신에게 선물하기' '미소 짓기'였습니다.

우리는 하루 동안 수고한 자신과 긍정적인 대화를 나누는 것만으로 적어도 이 중 세 가지를 바로 시작할 수 있는 셈입니다.

만일 책의 42페이지에서 소개했듯 자신의 이름과 비슷한 이름을 붙인 봉제인형이 있다면 "오늘도 수고했어!"라 말하며 꼭 껴안아주는 것도 좋습니다.

마음이 뭉클해지고 따뜻해지면서 스트레스가 사르륵

풀릴 것입니다.

또한 하루를 마감하는 기분 좋은 선물을 받은 셈이니, 내일을 행복한 기분으로 시작할 수 있게 됩니다.

오늘밤, 내일을 위한 행복 씨앗을 뿌리면서 잠들어보세요.

괜찮습니다. 오늘보다 내일은 훨씬 좋은 하루일 테니까요.

수고했어   꼬옥

> 🍀 "오늘의 나도 참 좋았어!"라고 나 자신을 칭찬하고 위로하자.

옮긴이 | 이지현

이화여자대학교 의류직물학과를 졸업하고 일본 여자대학교로 교환 유학을 다녀왔다. 이화여자대학교 통번역대학원 한일번역과를 졸업했다. 현재 엔터스코리아 일본어 번역가로 활동 중이다.

주요 역서로는 《뒤탈없이 화내는 법》 《엮이면 피곤해지는 사람들》 《100일을 디자인하라》, 《오늘도 뻔한 말만 늘어놓고 말았다》 《내 마음을 구해줘》 《사람은 들키지만 않으면 악마도 된다》 《부자의 관점》 《세상의 이치를 터놓고 말하다 : 괴짜 부자 사이토 히토리》 《스틸》 《흘러넘치도록 사랑하라》 《무적의 글쓰기》 《Win의 거듭제곱》 《칭찬이 아이를 망친다》 《세계의 법교육》 《인생에서 가장 소중한 것은 서점에 있다》 《미루기 습관은 한 권의 노트로 없앤다》 등이 있다.

불안한 사람도 마음이 편안해지는 작은 습관

초판 1쇄 발행 · 2024년 9월 11일

지은이 · 야나가와 유미코
옮긴이 · 이지현
발행인 · 이종원
발행처 · (주)도서출판 길벗
브랜드 · 더퀘스트
주소 · 서울시 마포구 월드컵로 10길 56 (서교동)
대표 전화 · 02) 332-0931 | **팩스** · 02) 323-0586
출판사 등록일 · 1990년 12월 24일
홈페이지 · www.gilbut.co.kr | **이메일** · gilbut@gilbut.co.kr

책임 편집 · 송혜선(sand43@gilbut.co.kr) | **제작** · 이준호, 손일순, 이진혁
마케팅 · 정경원, 김선영, 정지연, 이지원, 이지현 | **유통혁신** · 한준희
영업관리 · 김명자, 심선숙 | **독자지원** · 윤정아

디자인 및 전산편집 · MALLYBOOK 최윤선, 오미인, 조여름
CTP 출력, 인쇄 · 정민 | **제본** · 경문제책

ISBN 979-11-407-1423-0 (03190)
(길벗 도서번호 040256)
정가 16,800원

인스타그램 www.instagram.com/thequest_book